教育部高职高专规划教材

DECORATION DESIGN

装饰设计

第二版

史世任　邱玲玲　主编　　廖美华　张伶俐　副主编

 化学工业出版社

·北　京·

本书主要内容有：中外民间装饰艺术、流派与风格、艺术形态构成、材料以及多种应用性的装饰艺术设计等。突出了培养学生综合专业知识结构和培养复合型艺术设计人才，以满足当代社会经济产业的需求，也是对目前国内高校装饰艺术设计教学进行的新探索。

本书以多元整合的课程理念，把装饰艺术在环境艺术设计、视觉传达设计、服装艺术设计、产品造型设计等领域的应用知识，作为高校艺术设计的教学公共专业基础课，因而，使《装饰设计》具有一定的前沿性和实践性。

本书可作为高职高专院校环境艺术设计，视觉传达设计，服装艺术设计，产品造型设计等相关专业的教材，也可供中等职业学校、社会机构选作培训教材。

本书为江西省高等院校省级立项教学研究课题成果，并获江西省教育科学优秀成果奖。

图书在版编目（CIP）数据

装饰设计 / 史世任，邱玲玲主编. —2 版. —北京：化
学工业出版社，2011.8
教育部高职高专规划教材
ISBN 978-7-122-11796-0

Ⅰ. 装⋯　Ⅱ. ①史⋯②邱⋯　Ⅲ. 装饰美术-造型设计-
高等职业教育-教材　Ⅳ. J525

中国版本图书馆 CIP 数据核字（2011）第 136410 号

责任编辑：张建茹　　　　　　　　　　　　　装帧设计：尹琳琳
责任校对：郑　捷

出版发行：化学工业出版社（北京市东城区青年湖南街13号　邮政编码100011）
印　　装：化学工业出版社印刷厂
889mm×1194mm　1/16　印张10¾　字数206千字　2011年8月北京第2版第1次印刷

购书咨询：010-64518888（传真：010-64519686）　售后服务：010-64518899
网　　址：http://www.cip.com.cn
凡购买本书，如有缺损质量问题，本社销售中心负责调换。

定　　价：36.00元

高职高专艺术类专业规划教材编审委员会

第二版前言

根据教育部《关于加强高职高专教育人才培养工作的意见》有关精神，为满足高职高专艺术设计类及相关专业基本建设的需求，经过广泛调研，化学工业出版社与部分高校共同组织编写了艺术设计类专业规范教材。此套教材根据"以市场需求为导向，以职业能力为本位，以培养应用型高技能人才为中心"的原则，注重增强认知结构与能力结构的有机结合。在教材编写上力求新颖，循序渐进，内容翔实，实例丰富，易教易学，方便自学。

装饰设计教学是艺术设计专业的公共基础课程，属于造型基础与综合性应用设计的必修专业科目。本书第一版的所有章节体现了职业教育特点，以产业应用型技能知识为主体，注重装饰艺术在多领域中的工艺实践型教学，该书在全国多所高校广泛采用。2009年《装饰设计》获江西省省级教育科学优秀成果奖一项，同时《装饰设计》一书的教学已经列入并完成了江西省高等院校教学改革研究省级立项课题。在这次修订中我们增编了"产品造型设计与工艺"章节，并修订了其他章节的内容，使《装饰设计》一书更具有完整的多领域产业应用型知识，相比同类教材更加全面，既有工艺美术理论又具有更广阔的职业技能型教学内容。本书适用于装潢艺术设计专业、服装设计专业、环境艺术设计专业、装饰艺术设计专业、广告设计专业、产品造型设计专业、视觉传达设计专业的基础专业课程或专业主干课程的教学，是一部培养一专多能的应用型人才的好教材。

本书修订由史世任、邱玲玲任主编，廖美华、张伶俐任副主编。参加本书编写的还有涂少荣、马翩翩、李洁、吴郁民、戴沂君、司锦秀。

本书在编写过程中，参考了其他教材及相关书籍，在此一并表示衷心感谢。由于编者水平所限，书中难免有不足之处，敬请广大读者和同仁批评指正。

编者

2011年6月

第一版前言

根据教育部《关于加强高职高专教育人才培养工作的意见》有关精神，为满足高职高专艺术设计类及相关专业基本建设的需要，经过广泛调研，化学工业出版社与部分高校共同组织编写了艺术设计类专业规划教材。此套教材根据"以市场需求为导向，以职业能力为本位，以培养应用型高技能人才为中心"的原则，注重增强认知结构与能力结构的有机结合。在教材编写上力求体系新颖，循序渐进，内容翔实，实例丰富，易教易学，方便自学。

本书在总体结构和内容安排上，体现职业教育特点，立足市场需求，从用人单位岗位需求进行阐述，理论结合实践，同时，注重遵循教学规律，总结教学经验。

装饰设计教学是一门艺术设计专业的公共基础课程，属于造型基础与综合性应用设计的必修专业科目。传统装饰教学只注重形式美感表达，而当代装饰艺术设计则注重功能价值与艺术价值的结合，并非以单纯"美化价值"作为艺术设计的目标。它受到历史与民族传统的影响，同时受到当代社会环境美学、工艺学与材料学等综合因素的束缚，形成了一种有目标性、功利性、特定性、整体性的艺术设计学科。

装饰艺术设计教学涉及多种艺术设计领域。本书以中外装饰艺术应用设计为主导，注重形态材料、艺术语言规律以及在艺术设计领域中的运用知识，作为教学的重点内容。同时将传统性和现代性的艺术设计实践，作为提升高校学生创意设计能力的探索，使此书能够为普通高等院校培养艺术设计专业复合型人才和应用型人才，作出有益的帮助。

本书由史世任任主编，徐仂、周立伟任副主编。参加本书编写的还有任芳、陈军、曹昊、陈玮、黄鹤。

本书在编写过程中，参考了其他教材及相关书籍，在此一并表示衷心感谢。由于编者水平所限，书中难免有不足之处，敬请广大读者和同仁批评指正。

编者

2006年6月

目录

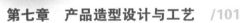

第一章

装饰艺术设计概论

第一节　装饰艺术涵义与分类
第二节　装饰艺术设计的文化与形式

第一章 装饰艺术设计概论

第一节 装饰艺术涵义与分类

一、装饰艺术设计的涵义

"装饰"源于远古时代。人类的物质世界丰富多彩，"物"无不出自于一定的"形"。可以说造型艺术无不具有装饰的含义，即人为地修饰、美化、构成、装潢等。自史前人类石器时代开始，人类的劳动就创造了艺术，同时也创造了装饰。确切地说，装饰艺术是一种设计，西欧最初定义设计为"Desing"，其含义指记号、式样、标志、素描草图等准备实施的计划或设计，它包括了构思和创造性行为过程，即为实现某一目标而建立的艺术设计制作方案。

中国春秋战国时期的著作《考工记》中记载了"天有时，地有气，材有美，工有巧，合此四者，然后可以为良"。说明了自古以来装饰艺术设计是一项把材质、技巧同环境相结合在一起，具有广泛实用性的设计艺术。

在几十年前，装饰艺术的概念仅局限于日语翻译而来的"图案"，图案设计成为装饰的代名词。随着社会发展，装潢设计成为工艺美术的理念，由此发展而来的装饰性绘画，成就了大批的艺术大师。艺术总是伴随着社会的变迁而满足不断出现的新的审美需求，而当代装饰艺术的发展，受到现代社会思潮、艺术观念、审美观念等影响，在与科技结合中不断地创新，它不仅具有相对独立的专业艺术性，同时，又与现代设计所涉及的广泛领域，共同组成了一个难以分割的造型艺术系统，日益显示了现代装饰艺术设计的重要价值和位置。

装饰艺术设计是以物为媒介，完成物与环境，物与人之间的相互协调、和谐、美化的整体的设计，并将各种因素与条件作为设计的基本内容。一般来说，它包括了以下四个要素。

1. 功能要素

指装饰设计物的功效与作用，能满足三种不同功能的设计需求。一是实用功能，即装饰设计物的物质功能所产生的"用途"意义；二是象征功能，即装饰设计物寓意的社会伦理观念所具有的象征符号意义，例如，瓦当中"四神"的演义象征，如图1-1；三是审美功能，

图1-1 青龙、白虎、朱雀、玄武（汉瓦当）

即设计物以外在形式美感来满足人的审美情感需求，是物与人相互作用而产生的精神因素功能。

2. 形式要素

指装饰设计物的造型构成因素，由形态构成、外在肌理和色彩三个因素组合而成，也是装饰艺术设计的重要内容，分述如下。

（1）形态　指装饰设计物内外结构形态特征，是装饰艺术设计的内外各要素的统一综合体，构成形态设计的基本形式有点、线、面、体等。

（2）色彩　指色彩在人的心理上所起到的作用，以传达装饰设计物的视觉信息为主要形式。研究装饰色彩规律与艺术语言是装饰设计的重要课题。

（3）肌理　指装饰设计物表面纹理质感、肌理与材质、工艺制作等，设计物的不同肌理效果会产生不同的造型语言，是具有艺术特质的创造形式，如图1-2。以上各形式要求将在后面章节中详细介绍。

图1-2　漆画　（以鸡蛋壳为肌理）

3. 技术要素

指为一定目的而运用科学知识、技术所进行物质加工的过程和手段，包括从设计图纸到装饰设计物的实现。在这一过程中，应遵从客观规律与艺术规律的相统一，使主观意图与设计物加工技术工艺要求和材料要求相统一，才是装饰设计物成功的关键点。

4. 经济要素

指装饰设计应满足社会市场需求。其经济要素体现在对其价值的分析，包括市场预测、设计物工程造价等系列从产品到商品的转换。具有从试产、批量生产到销售，以及专利保护权等诸多方面经济因素的考虑，是装饰艺术设计中重要的价值工程。

现代装饰艺术设计是融艺术性、科技性、经济性于一体的综合艺术形式，其设计的目标是为人和环境服务。它涉及历史、文化、经济、科技、艺术、社会学等多领域、多学科知识的相互渗透、相互促进，使现代装饰艺术不断充实与发展。

二、装饰艺术设计的分类

装饰艺术设计是由许多学科相互交叉、相互影响而构成的，是一门内容丰富并涉及多个设计领域的新型学科。在各设计领域中的装饰设计既有共性又有差异性，既有共同的艺术规律性又有不同专业的指向性。掌握不同的装饰艺术设计和应用知识，有助于成为跨学科综合知识结构的复合型人才。

装饰艺术设计涉及以下各领域。

（一）环境艺术领域

环境艺术是指人类居住环境的综合性工程系统，包括室内外环境设计工程，如图1-3。其装饰设计有以下几类。

1. 雕塑类

（1）装饰雕塑　一般分为浮雕和圆雕。浮雕是指平面半立体式，多属二维空间造型，如图1-4。圆雕是指立体式，多属三维空间造型，雕塑材料有木、石、玉、金属等，如图1-5。装饰雕塑艺术是环境艺术设计中的重要部分，随着中国城市化的发展，具有较宽阔的市场前景。

（2）软纤维装饰雕塑　多采用棉、麻、毛、纺织纤维和草、竹等植物纤维或塑料纤维为材料进行的室内装饰。中国在20世纪70年代由中国美术学院成立了"万曼工作室"，为当代室内软纤维雕塑开辟了较好的发展空间，如图1-6。

（3）综合材料装饰雕塑　指现代室内外设计采用综合性材料进行装饰雕塑设计。欧洲20世纪流行的"普波艺术"，则把实物作为艺术创作材料，而使这种艺术形式趋于平民化。现代室内装饰壁挂注重多种材料、多肌理的艺术语言的组合，形成新的视觉效果，如图1-7。

2. 室内装饰类

（1）装饰壁画　是属于室内装饰设计形式之一，是采用绘画语言作为建筑物内

图1-3　室内环境设计

图1-4　室内装饰的浮雕作品

图1-5　圆雕　云的牧（法国）

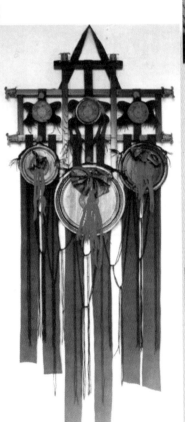

图1-6　软纤维装饰壁挂(情绪)

图1-7　综合装饰壁挂

吴青林

部空间的装饰艺术。按材料分类有油画、丙烯画、中国画、漆画、沥粉画、瓷版画、玻璃画、镶嵌画等。近年来，壁画材料不断创新，形成了多种材料结合的壁画形式，有平面造型与立体造型相结合，有不同材料相结合，从而造就了装饰壁画的多样化艺术语言，如图1-8～图1-10。

图1-8　中国画

刘海粟

图1-9　玻璃画

图1-10　镶嵌画

547年　现藏圣维达教堂

（2）家具设计　中国传统家具的设计与西方家俱设计风格具有差异性，而各自又保持相对独立的设计形式。现代家具设计以中西方文化互相渗透为理念，实现设计中新的审美价值取向，在设计中更多地反映人的文化观念和生活观念，如图1-11。

3．景观设计

景观设计是城乡规划设计中，对环境综合性的整体设计。其本质是人类所生活的环境设计，包括整体规划、建筑群、社区、园林、交通等景观的设计。这类设计即是物质功能的创造，又要考虑人文因素、社会因素、审美因素，形成和谐宜人的生态环境艺术，如图1-12。

图1-11　椅子设计（韩）

图1-12　意大利17世纪规划设计的城市

（二）工业造型设计领域

在产品设计中，无不把具有艺术形式美感作为产品装饰设计的重要条件，而造型与色彩的设计也将提升产品的附加价值，并创造了现代社会经济，丰富了人们生活的物质世界。工业产品设计涉及日用品、家电、工业设备、仪器、交通工具等多方面的内容，如图1-13～图1-16。

图1-13　电水壶设计

图1-14　中国红釉茶具和美国"现代"餐具

图1-15　工业仪器设计

图1-16　概念汽车设计

（三）视觉传达领域

视觉传达包涵了二维和三维的造型艺术的各个领域，例如，广告设计、包装设计、展示设计等。现代视觉传达设计又涌现出了许多新型的交叉式科目，例如，景观标识设计、VI设计、动漫设计等，如图1-17。装饰艺术在建构以上科目的设计中属于基础性知识，有着举足轻重的应用价值。

图1-17　景观标识设计

（四）服装设计领域

欧洲国家有把服装设计归类于工业设计类，中国则把服装设计作为外贸经济产业之一。在现代科技信息高度发达的社会，中西方服饰间的差异性越来越小。中国在学习西方先进文化的同时，应珍重自己本民族的传统文化，使服装设计能古为今用，洋为中用。传统服饰运用手工艺技术绣、染、盘、织、挑、镶、嵌、绘等作为装饰方式，同时，服饰的文化内涵也十分明显。例如，"天子以四海为家，不壮不丽不以重威"。中国古代服饰中的装饰设计已经达到有图必有意，有意必吉祥，将衣演化为意，而意则升华为文化的高度了。现代服饰设计应采用多样化的形式，除了注重功利性外，也应注重艺术性、民族性和文化性。

中国传统服饰装饰有蜡染艺术，如图1-18；编织艺术，如图1-19；刺绣艺术，如图1-20等，均是以民间手工艺制作为特征。

图1-18　蜡染艺术

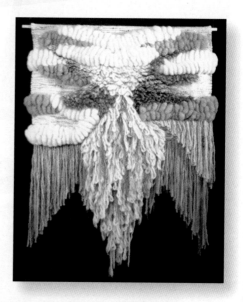

图1-19　编织艺术

图1-20　刺绣艺术

三、装饰艺术设计的前沿性

现代装饰艺术设计呈多学科的相互交叉、相互渗透，形成了许多边缘学科。即装饰艺术设计在与其他学科横向联系交叉中，形成创新的学科，并在不断充实和完善的同时，形成新型的现代装饰艺术设计学科。由于当今社会科技发展与社会经济市场化的需求，使装饰艺术设计从多方位发展，举例如下。

（1）环境艺术领域：标识艺术设计、公共装置设计、园林景观设计、建筑雕塑设计等丰富的现代装饰设计的项目。

（2）视觉传达领域：网页设计、广告与动漫设计、卡通游戏影视设计等电脑艺术设计均丰富了装饰艺术的内涵和表现形式。

（3）工业产品设计领域：现代陶艺设计、日用品设计、外贸旅游工艺品设计、玩具设计、家电产品设计、交通工具等产品造型设计，总是以其独特装饰艺术形式美感而获得市场价值。

（4）服装设计领域：具有较强装饰艺术性的蜡染服饰设计、刺绣工艺品设计、中国民间布艺设计、妇儿服饰设计、皮革设计等，在外贸和西欧市场均有一定的经济前景。

装饰艺术设计的多元化形成了丰富多彩的艺术世界，在世界各国大交融的新时代，信息化、全球化、市场化也带来了西方各国的文化思潮，并影响到装饰艺术设计的理念。而越是具有民族艺术的设计，才越具有世界文化的价值，因此应当结束以"洋"为荣，纯粹照搬西方文化的做法，去创新中华民族的本土艺术，使之自立于世界民族之林。在坚持中华民族文化精华的同时，又吸取外来文化的内涵，中西结合，创新发展，正确引导当代社会文化价值观念的取向。

第二节　装饰艺术设计的文化与形式

装饰艺术设计并非传统的艺术创作，它融合多个专业的课程知识，其目标为复合式地把各个专业相互融合渗透，拓宽专业基础面，扩大专业课程和相邻专业课程等知识体系，并建构装饰艺术设计专业结构的科学性和系统性，使学生精通一个专业，兼通两个至三个专业，达到既专又博的综合艺术设计能力。

一、装饰设计与文化

装饰艺术设计是一种文化现象。它包括了二个层面的涵义，一是属于器物的造型设计与外部的装饰设计，是人类创造的物质成果，即人类智能文化现象。二是这种物质创造所表达出来的人的审美观念，又是人类创造的精神成果，即观念文化现象。装饰艺术设计的这种文化属性，其外在表现的形式则涉及到各种艺术设计的风格。所谓风格即指在特定的历史或地域环境下逐步形成的具有共性特征和个性特征的程式化艺术特征。装饰艺术设计风格，受到时代和民族审美导向等文化观念的影响，是以装饰设计物的基本形态来展示其文化的内涵。

人类是创造文化的主体，也是审美活动的主体，具有艺术创造的活动能力。在各个不同国家的文化背景和艺术理念的创新中，产生了许多出类拔萃的现代装饰设计风格。

二、设计形式与程序

　　装饰艺术创作应遵循科学的原则和规律，而非人为的纯主观意愿为准则。如果说绘画艺术表达人的精神层面，而装饰艺术设计则更注意价值功能。装饰设计追求的是人与物与社会环境相适应的和谐关系，并以此作为其设计的目标。

　　装饰艺术设计受时代观念和民族文化的影响而产生最具活力的艺术风格，这种创作设计是通过外在装饰形态的构成元素而组合起来的。不同造型、色彩、肌理等外在形态，使装饰艺术设计呈现出丰富多彩的世界。

　　装饰艺术设计形式应具备三种类形，一是注重精神功能，主要满足人们审美情趣和需求，例如装饰壁画等。二是注重实用功能，还要符合市场的经济价值规律，例如日用品设计。三是以实用功能与艺术性相结合，注重其双重价值意义。因此装饰艺术是以追求一定的功利性又表现其审美创造内涵作为设计的目的。

　　现代装饰艺术必须以社会市场需求作为设计的依据，否则仅属个人艺术作品而已。市场的需求因素制约了装饰艺术的设计，反之，装饰艺术设计又可以创造市场的需求。其关键点是装饰艺术设计物不仅作为产品设计，而且更注重其商品的价值，使设计物在经济市场竞争中占有优势地位，这直接关系到其生存与发展。因此，检验现代装饰艺术设计成败与否，就不能不去考虑其在市场中的经济表现。

　　装饰艺术设计在满足市场、引导市场、创造市场的过程中，设计的任务有不同的指向性和目标性，其分为以下三种状态的设计。

　　（1）装饰式样设计　　是指对传统的或现代的装饰艺术进行借鉴或改进式的设计。其原因是：①受当代的社会观念和地域环境的束缚；②受设计师自身审美情趣的影响；③受加工工艺制作技术的束缚。

　　（2）装饰形式设计　　是指以人的生活方式需求为目标，而非仅仅以产品改良为目的设计，是为满足数年后社会需求的设计。其途径是：①从社会调查中发现现有设计问题点和创新点；②寻找突破点，拓展、完善新的设计；③超越现状，引导社会市场的新型要求。

　　（3）装饰概念设计　　是指一种未来式的、开发性质的设计，也是对现存观念的否定或提升。具有超前引导某趋势的设计，它建立在人类未来愿望和生存需求的基础上，使设计产生质的飞跃。

　　装饰艺术设计涉及各个领域，有多样化的设计方式，但是无论哪种设计，其基本规律和目标性不是单纯的地理性逻辑设计，而是在设计过程中发挥创新思维，遵循科学化的设计程序来指导设计，一般分为以下六个基本的步骤。

　　现将六个步骤分述如下。

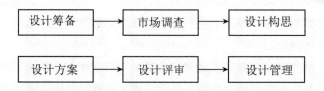

（1）设计筹备　　为设计构思与方案所作的准备工作。包括设计主题规划、组织人员、收集资料、确定设计各阶段主题任务、进度计划等筹备相关设计的工作。

（2）市场调查　　从装饰设计主题出发，进行以下调查：①社会需求与市场前景调查；②装饰设计物在市场行销中的地域、政治、文化、经济条件与市场渠道环境、价格、销售网络的调查；③更为重要的是应当注重产品自身功能与外观、生产质量与消费心理、广告策划等一系列的调查。

（3）设计构思　　是指经过设计筹备后，设计师进行的有创造性的设计构想过程，以及用草图、模型或效果图展示等形式所表达的设计意图。

（4）设计方案　　是指由多种设计构思优化而成最佳的设计结果，是装饰艺术设计工程制作的依据。

（5）设计评审　　是指对装饰设计物全部达标后进行的评价，及时调整和修改并完善设计，这一过程包括了试生产和小批量生产两个阶段。

（6）设计管理　　设计物在生产阶段、销售阶段、广告宣传阶段，以及市场信息反馈阶段所涉及的管理工作。

综上所述，设计的规律能够指导一般性设计的形式与方法，并非能包罗万象。装饰艺术设计在不断发展，设计的形式和方法也应该是多元化且不断地升华、创新。

[本章小结]

装饰艺术涉及各领域的艺术设计，具有广阔的社会与经济基础，同时又具有不断发展的前沿性。装饰艺术设计已不是传统的文化价值意义，而是与现代社会经济市场息息相关的学科，它将改变一个国家的创新设计能力，提升民族多元化社会形态的价值观念。

练习题

1-1. 装饰艺术设计的涵义及涉及的领域有哪些？

1-2. 实行装饰艺术设计的前沿性科目的市场调查与分析。

1-3. 简述装饰艺术设计的程序方式？

DECORATION DESIGN

第二章

装饰艺术设计简史

第一节　中国传统装饰艺术
第二节　外国装饰艺术设计
第三节　现代装饰艺术设计流派

　　学习装饰艺术设计简史，其目的在于了解不同历史时期各个国家、民族不同的文化背景，而了解历史是为了更好的借鉴艺术的精华，古为今用和洋为中用，是装饰艺术设计的一个重大课题。日本与韩国，同属东方地域文化，在维系中华文化的同时，也把西方文化融入其中，从而创造出本民族文明史，装饰艺术设计应注重中西方文化相互交融，从而升华民族文化和装饰艺术设计的观念。

第一节　中国传统装饰艺术

一、中国装饰艺术的起源

　　中国远古新石器时代，在距今约7350～7800年的仰韶文化中，彩陶艺术可谓五彩缤纷，最著名的装饰图像有"舞蹈纹彩盆"。龙纹与凤纹在这一时期也已经出现，同时内蒙古、云南等地还出现了岩画，它更为详尽地再现了早期人类猎兽等生活情景，如图2-1、图2-2。

图2-1　舞蹈纹彩盆

新石器时代

图2-2　将军崖岩画稷神崇拜图

新石器时代

二、中国古代装饰艺术风格的演变

1.原始时期装饰风格

原始装饰图像直接影响到古代汉字的起源。古文字也是图像，即象形文字，其用线条对形体的高度简化、概括、夸张。例如，鹿、马、虎、牛、羊，如图2-3。同时，图像又具有寓意性，即表意文字，具有意境美感。例如日、月、雨、云、气、雷、水、山，如图2-4。

新石器时代这些甲古文字图像，一直延续至殷、周、战国、汉、魏晋等时代。至今虽少用，但图像造型的原理仍在传续，成为值得探讨的艺术形式。新石器时代的装饰图像主要有彩陶、黑陶、灰陶以及印纹陶，又以彩陶纹样最为突出，其设计有单独纹样或连续纹样等。原始祖先已经懂得在艺术处理上的多样性、统一性、对称性、均衡性、调和性等装饰手法，将器物的艺术性和实用性相结合作为设计目标，表现出了无阶级社会中纯朴、舒畅、明快、单纯、浑厚、和谐的装饰风格，如图2-5。

图2-3　象形文字

图2-4　日月雨云气雷水山

图2-5　彩陶花瓣纹

新石器时代

2．商周、春秋战国与秦汉时期装饰风格

（1）商周时期　以青铜艺术为代表，其器形有礼器、乐器、兵器、日用器等，在中国工艺设计史上具有重要价值、地位。青铜器纹样在殷商以礼器的装饰造型为代表，多为对称图形，其艺术风格呈神秘狰狞之感，图像繁缛刻板，反映其"礼治"的天命神权观念，例如，饕餮纹（又名人面兽纹），如图2-6。西周时期的青铜艺术一改过去森严的装饰手法，而转为追求和谐的现实性艺术，以优美鲜明的装饰风格作为设计的目标，例如，夔龙纹、鸟凤纹，如图2-7。可以证实在"殷尚文，周尚质"的理念下，青铜艺术的风格庄重典雅、纹饰流畅和谐、感情含蓄内敛。春秋中后期到战国时期，是中国青铜艺术发展的第二个高峰期。中原秦文化与南方楚文化各有差异，楚文化艺术追求空灵意境与神驰心往的审美情趣，楚人《蟠螭纹铜尊盘》堪称楚艺术中的杰作，给人以整齐又有变化、繁缛中见玲珑的美感，如图2-8。而秦代艺术追求浑厚雄伟大气之美。可见，地域文化艺术各具情态。战国青铜器艺术也呈现出崭新面貌，而达到历史的最高峰，得益于秦艺术与楚文化的合璧，装饰艺术进入这一时代，既有自由奔放、瑰丽多彩，又不失淳厚与大气磅礴的风尚。例如，战国《宴乐狩猎攻战纹壶》便是一个很好佐证，如图2-9。中国青铜器就风格而言，商重神权而有狰狞之美；周重礼治而求典雅之风；到战国时期，青铜艺术更注重实用价值意义，并倾向具象风格。

图2-6　饕餮纹（青铜器）

图2-7　鸟凤纹（青铜器）

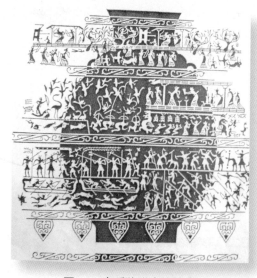

图2-9　宴乐狩猎攻战纹壶

图2-8　蟠螭纹铜尊盘（战国）

（2）春秋战国时期　漆器在一定程度上取代了青铜器，多为各种家用日用器具，品种繁多。漆器的色彩多为黑、朱红等艳丽色，用髹绘的方法装饰夸张变形的人物、禽兽、神怪等形象。中国先秦漆器历经数千年历史保留不多，而清、明时期漆艺达到全盛，并有"漆国"之称，如图2-10。

此时壁画也有所发展，楚国屈原作《问天》诗词中有描写了楚王宫壁画中神灵、历史人物、天象等内容。先秦壁画经历历史变迁而难有遗存。另外，缣帛画也是这一时期发展出来的一种艺术形式，即在帛上用线描方式表现人物故事等。例如，湖南长沙出土的《人物御龙帛画》可见艺术由装饰走向写实风格，如图2-11。

图2-10　彩箧绘孝子故事图

图2-11　人物御龙帛画

（3）在秦汉时期　最著名的是画像石和画像砖，多用于建筑和陵墓上。石刻技法主要有阴线刻、白描线刻、浅字雕刻等方式，线面结合，注重人物的动态气韵美感。河南安阳画像砖具有代表性，而山东的武氏祠画像石在技法上最富表现力，主要作品有《荆轲刺秦王》、《蔺相如》等。画像石常以宴乐、丰收、车马、家居、冶铁、攻战等为题材，表现社会政治、军事、经济、民俗的风貌，如图2-12～图2-15。

图2-12　兰陵镇车骑画像（东汉）

图2-13　洪山西王母·制车画像（东汉）

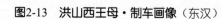

图2-14　厅堂人物画像（东汉）

图2-15　伏羲女娲画像砖（东汉）

3. 魏晋南北朝时期装饰风格

中国佛教艺术开始兴盛，开窟造像的石窟寺艺术风靡全国。石窟寺艺术是融石窟的建筑形式、雕塑和壁画为一体的综合艺术。其装饰纹样也出现了阿拉伯、印度等地的莲花纹、忍冬纹、缠枝花纹等植物图像。最具代表的石窟寺艺术当属甘肃敦煌莫高窟，现存洞窟有492个，有壁画约4500m²，彩塑约2300余尊。隋唐时期是莫高窟艺术的发展时期，尤其是唐代达到极盛，是中国古代社会历史文化艺术的殿堂。敦煌莫高窟壁画的内容丰富，主题都是宣扬生死轮回、从善积德的本生故事。有《鹿王本生》、《尸毗王本生》、《萨埵那太子本生》等，如图2-16、图2-17。壁画色彩凝重，有明显的印度和西域等中亚地区文化特征，属于与汉传统文化相结合的艺术结晶。此外，位于新疆拜城（西域龟兹国境内）的克孜尔石窟的形式、绘画题材、艺术风格等方面都反映出西域龟兹地区佛教艺术的独特风貌，如图2-18。另外，麦积山石窟艺术表现出清新秀丽又浑厚质朴

图2-16　敦煌莫高窟壁画　鹿王本生（局部）

图2-17　敦煌莫高窟壁画　尸毗王本生

图2-18　克孜尔石窟壁画

的艺术风格，如图2-19。在山西大同的云冈石窟现存有石窟45个，造像51000多尊。其造像主要为三佛，佛像雄健、挺拔、浑厚、朴实、魁梧，雕刻手法融入了西域外来风格。云冈石窟艺术发展到中期，造像风格变得清俊飘逸、雍容华贵、雕饰绮丽，此时的云冈石窟艺术最为兴盛。后期受南朝汉族审美的影响，造像风格均有所改变，例如佛的服饰由偏袒右肩式透明薄衣改为宽服大袍的服饰，外貌神情也变得慈祥和悦，整个洞窟富丽堂皇、绮丽华贵，具有鲜明的时代特征，如图2-20。洛阳南郊的龙门石窟多表现拜佛与忠君孝亲的伦理观念。后期中国封建士大夫特殊阶层思想观念与审美情趣，在佛教艺术中的所有表现，反映佛教艺术进入了世俗化倾向，佛的造像变为优雅、端庄。装饰在窟顶浮雕的莲花图案和拱门上方的火焰纹，是龙门石窟装饰雕刻中的精湛之作，如图2-21。

图2-19　麦积山石窟壁画　赴会菩萨·弟子及飞天

图2-20　云冈石窟彩绘石雕

图2-21　洛阳龙门石窟石雕

　　飞天图案是佛教壁画的一种艺术形式。是为了美化洞窟和陪衬点缀壁画装饰的人物造型，还有千佛、天宫乐伎、天王、药丹、神众等。其形象生动活泼，或秀丽挺拔，或恭谨且庄严，喜悦而不媚柔，或威严、多臂、变形。可见佛教艺术已经包含了人们喜闻乐见的形式而不再是外来艺术，且更倾向于中国本土民族化的风格，如图2-22～图2-24。

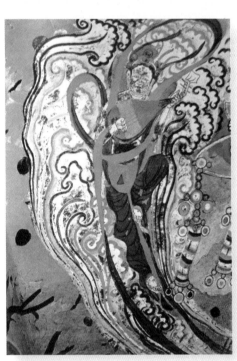

图2-22　莫高窟飞天壁画（盛唐）（一）　　　　　　　图2-23　莫高窟飞天壁画（二）

图2-24　麦积山石窟伎乐天壁画

4. 唐宋元明清时期装饰风格

唐代是中国古代艺术的鼎盛时期，各民族文化与外来文化相互渗透，相互促进发展。装饰艺术设计在纺织服饰、金银器工艺、陶瓷、建筑、佛教壁画、雕塑艺术等方面均达到空前的成就，其装饰风格追求华丽精美且绚丽多彩的审美情趣。加之工艺制作较前代已有成熟的发展，形成了中国古代装饰艺术设计水平的高峰。例如，唐服装艺术传入日本而演变为今日的和服；唐代纺织品经西域传入欧洲，远达黑海沿岸国家，被誉为"丝国"的美称，如图2-25。

宋代民间艺术中不乏装饰性，随着手工业、商业、农业的发展，绘画进入市场，出现了门神年画，也称风俗画。世俗化的艺术理念已经普及到人们社会生活中，从《清明上河图中》也可见一斑。宋代青花瓷的装饰成为"国宝"艺术，故又有"瓷国"之誉。分散在全国各地的瓷窑最为著名的是官窑、汝窑、哥窑、定窑、钧窑五大名窑。其装饰艺术风格各具情态。宋代以简洁、典雅、秀美为审美风尚，其装饰纹样特征是在程式中又有气韵，重格律中不失生动，虽变化而又有统一，如图2-26。

图2-25 唐仕女服饰（绢画）

图2-26 宋代钧窑瓷花盆

　　元代艺术是在多民族大统一，中西文化有所交流，佛教、道教文化流行的历史背景下展开的。有与元文人士大夫"元四家"绘画艺术不同的宗教壁画。最著名的是山西永乐宫的三清、纯阳、重阳三殿中的大型壁画，壁画神仙行列规模宏伟，人物形象和神态惟妙惟肖，可谓是唐以后最杰出的民间绘画样板，如图2-27。元佛教雕塑艺术以杭州飞来峰等较为著名。而北京昌平居庸关云台的浮雕最为精工，其造型坚实有力，人物神色威厉，雕刻精细，富有感染力，显示出民间工匠们，把装饰的形式美感运用到了极致。

　　同时，竹、木、陶瓷、玉、石、泥塑等雕刻艺术，自宋至元明清时，也已经发展到巧夺天工的程度。从元代官瓷中可见，其装饰追求精细和富丽，而民间多以粗放朴实、不求形似、潇洒自如为装饰的主导风格。

　　明清时期的装饰以工整、严密、繁巧、纤细为主要风格。特别是明式家具名扬中外，主要用硬木制作并不施油漆和很少雕琢，展现出家具造型和木材纹理的精美，具有简洁典雅的艺术风格，达到中国古代家具的艺术高峰，如图2-28。同时民间吉祥图案更为盛行。而自明代雕版印刷技术普及以来，明末清初在天津出现了杨柳

图2-27　永乐宫三清殿朝元图（局部）

图2-28　明式桌椅陈设

青木版年画，题材包括风俗、典故、戏曲、美人、花卉、风景等，形象生动逼真，精致细腻，设色鲜艳，装饰形式感强烈，如图2-29。

中国古代装饰艺术风格代代相传，又代代相异，是在继承中创新发展起来的。它受到政治、经济和社会审美风尚的影响，形成了不同时代的艺术风格。如果说新石器时代艺术特征是追求纯正朴实的自然美感；而在奴隶制社会青铜器艺术则反映了等级制时代神秘威严的风格；战国秦汉时代把幻想浪漫与雄浑豪迈作为审美观念；至魏晋南北朝时期，佛光普照，艺术由粗放转为精细，风格也走向成熟，显现出质朴刚劲又不乏优美为情趣。历史让盛唐进入了艺术的高峰，多元化艺术风格雍容大度，充满一派富丽堂皇之美。与此相反，明代转化为洗练柔美的风格，具有典雅和秀丽之美，使艺术逐向理念化。元明清艺术不再重现辉煌史诗般的光环，清代纤细巧密、繁琐、精美、也似乎难有大气之美，历代艺术风格犹如大江起伏，兴衰不止。

三、中国民间装饰艺术

1. 概述

中国民间传统的哲学思想和文化追求，总是以圆满为美学价值。民间装饰艺术，有文人画家所不能显露出的淳朴纯真之美。现代装饰艺术应从民族艺术中吸取营养，才能更具有文化的底蕴。民间艺术具有实用性、完美性、寓意性、抽象性、程式化等艺术特征。其图像造型方法也与具象造型方法有着决然不同的理念，出现了非静态物象的造型方式，甚至把不同时空物象综合在一起，或深入表现物象内部的图像作为造型的形式美感，透过这些丰富多彩的造型方式，探索其规律，有以下四个方面。

① 求大：即以大为美，大气势是吉利、是美。例如，木版年画追求全景大观，人物造型求丰满，大头大眼；剪纸追求大的外形更为突出；泥塑布艺也多为团块整体外形，如图2-30。

图2-29　木版年画门神神荼郁垒　（天津杨柳青）

图2-30　门神年画

② 求活：即对生命存活的追求，视生命为最高哲学，它源于生殖崇拜的观念。造型方法多以复合形为表现，有龙凤合形，双头虎枕等，如图2-31。

③ 求全：古代阴阳哲学观念使民间艺术讲究完整和圆满，因而造型中追求成双成对；以偶数寓意吉祥平和，例如，双鹿双鹤生命树等，如图2-32。

④ 求美：民间绘画中人物造型男则阳刚，女则秀美，用色多艳丽，表现了爱美唯美的装饰效果，如图2-33。

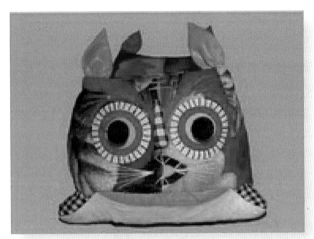

图2-31　双头虎枕

图2-32　双鹿双鹤生命树剪纸

图2-33　刺绣男女造型

2. 分类

民间艺术是农村普通大众的艺术，故称为"乡土艺术"。例如，木版年画、剪纸、刺绣、蜡染、皮影、绘画等。近代还有民间线描艺术、面具艺术（其中傩面具可称为从宗教向艺术转化的艺术），有石、竹、木等材料雕塑，有泥塑、编织、布艺、风筝、玩具、彩灯等主要艺术形式。

3. 题材

民间艺术题材有两类。

①民俗生活类：例如，婚嫁、离别、团聚、庙会、民情风俗、辟邪祈福、欢乐吉祥等社会风情。

②历史故事类：例如，神话、典故、传说、宗教、道德、历史等。各地民俗活动造就了丰富多彩的民间艺术，而民间艺术也强化了民俗文化。

4. 中国吉祥图像

民间吉祥图案与中国文人画不同，它是以寓意性为美学价值的象征性艺术，并形成了"有图必有意，有意必吉祥"的创作方式。

① 用谐音。例如金鱼缸和金鱼图像意为"金玉（鱼）满堂"，如图2-34；五只蝙蝠和蟠桃意为"五福（蝠）奉寿"，如图2-35；猴骑马意为"马上封侯（猴）"，如图2-36。

图2-34 金玉满堂

图2-35 五福奉寿

图2-36 马上封侯 （国画）

② 喻义应用。例如以鹭与荷花、芦苇组成的"一路连科"，用"鹭"与"路"同音，"莲"与"连"同音，芦苇之"芦"与"路"谐音，芦苇生长，常是棵棵连成一片，故谐音"连科"取意。旧时科举考试，连续考中谓之"连科"。寓意应试求连连大捷、仕途顺遂，如图2-37。

③ 符号应用。例如卐 属梵文，却代表中国汉字"万"，意为"吉祥万福"。

④ 俗语应用。例如龙凤呈祥、麒麟送子、丹凤朝阳等分别代表生孩子，庆吉祥之意，如图2-38。

中国民间美术中用象征性的造型艺术和寓意性的表意方式的图像，以深刻的内涵和美好意愿，不仅被代代相传，而且升华了其更高的美学价值，也是民间文化艺术宝贵的财富。

5. 中国少数民族民俗艺术

中国是多民族的国家，各种艺术形式互相交流、互相影响、互相促进，因此造就了丰富多彩的中华文化。少数民族艺术与汉民族艺术的交融，使唐代文化艺术达到中国古代艺术的高峰期。

（1）苗族刺绣艺术　以苗族古歌中的神话作为民族宇宙观和自己的艺术源泉。苗族刺绣色彩强烈，古朴而富有原始艺术的气氛，如图2-39。

图2-37　一路连科

图2-38　麒麟送子图

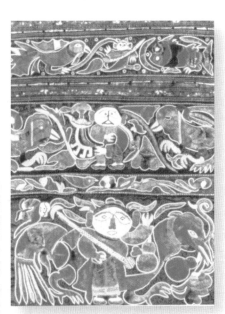

图2-39　苗族古歌刺绣

（2）云南景颇族织锦艺术　其设计巧妙，多把自然形转化为几何图案，进行装饰设计，如图2-40。

（3）蒙古族服饰艺术　曾建立中国元朝的蒙古族，把蒙古文化同中原汉民族文化以及南方汉民族文化相结合，共同构建了那一时代繁荣的中华文化。蒙古族装饰艺术至今流传，最为突出的是服饰艺术，如图2-41。

（4）回族艺术　在伊斯兰宗教影响下，回族至今仍保留了其传统伊斯兰文化艺术的特征，建筑图案中多用马蹄形、花瓣形、火焰形等。在装饰设计的风格上表现了拜占庭时代独特的审美情趣，如图2-42。

（5）新疆维吾尔族艺术　受古代西域文化的影响，维吾尔族民俗艺术中有不少波斯艺术的成分。维吾尔族传统建筑为方形，室内的壁龛还绘制各种几何图案，并喜爱在墙上挂壁毯和石膏雕饰。南疆维吾尔族住所多有院落，其图案装饰追求艳丽美感，如图2-43。

中国少数民族艺术，是中华民族文化中的瑰宝。每个民族的文化艺术都是具有独立存在的美学价值和应用价值的。对中国民间艺术的学习和借鉴，也应该包括对少数民族文化艺术的价值地位的肯定。

图2-40　景颇族几何图案织锦

图2-41　蒙古族服饰

图2-42　伊斯兰建筑

图2-43　新疆维吾尔族建筑装饰

6. 借鉴意义

中国民间艺术来源于千百年古老文化的积淀，来源于多元化的民族共同形成的审美意识，并非仅仅追求纯朴雅拙的夸张变形的创作形式。工业化带来了城市的扩展，正在蚕食着乡土艺术，而人类回归于自然的情结，引导着人们对原始艺术的追寻，借鉴中国民间艺术，扩展装饰艺术的民族文化内涵，以弘扬传统文化艺术。

第二节 外国装饰艺术设计

历史的长河延绵不息，从埃及尼罗河到西亚的两河流域，从中国黄河、长江，到南亚印度河、恒河古代文明的流域构建了人类文化之源。爱琴海岛养育了古希腊神话艺术的浪漫与健美，一览千里的安第斯山脉，犹如玛雅文化和印加文化的神秘和深沉。佛教文化和基督教文化以及伊斯兰教文化传播，又建立了世界宗教文化艺术体系，与封建的东方的农耕民族不同的是，西方游牧民族迁徙而形成各大王国后，文艺复兴和启蒙运动打破了中世纪数千年的束缚，而使西方文明蓬勃的发展起来。世界文化与文明有兴有衰而又不断发展，把握西方文化艺术的脉络，辨析其装饰艺术设计的演变，并吸收其精华，使东西方文化为互相渗透和促进，形成人类共同的精神文明。

一、原始装饰艺术设计

欧洲造型装饰艺术最早出现在旧石器时代晚期。欧洲原始艺术的主要代表如下。

（1）洞窟壁画艺术 例如，法国拉斯科洞窟和西班牙阿尔塔米拉洞窟画，以红黑石青色绘制动物为装饰手法，如图2-44。

（2）小型雕刻艺术品 以动物或以生殖崇拜为主题，如图2-45。

（3）巨石建筑艺术 以英格兰斯通享巨石建筑和埃伯里247块巨石建筑为著称，为原始祭祀场所。

图2-44 法国拉斯科洞窟壁画

图2-45 原始生殖崇拜雕塑

二、古代东方装饰艺术设计

古代东方各民族文化各有所长、各领风骚，且相互融合。其差异性的原因多为地域性、政治、科技水平状况、经济贸易、交通等因素而影响各民族装饰艺术的发展。总体而言，其手工业时代的宗教观念、审美观念、价值观念决定了装饰设计的风格，并具有很强的地域性和民族性的艺术特征。

1. 古埃及装饰艺术风格

（1）家具金工装饰艺术 古埃及18王朝出土的3500多件文物，精美无比，其装饰手法有镶嵌、彩绘、沥粉、包金等工艺。其中镶嵌工艺中常用象牙、珐琅、彩色玻璃、玉石、螺钿与皮革镶嵌，再覆盖包裹在木质材料上。或者将石膏填涂后包上有花纹金箔，再用胶水，铆钉固定，其装饰有狮首、兽足、帝王肖像、太阳神灵、神鹰、河马等。同时法老面具等金工装饰用宝石、玛瑙、珐琅与黄金对比，制作精美且富丽辉煌，如图2-46。

（2）古埃及壁画艺术 源于墓室装饰，后普及到神庙和宫殿，有浮雕式和壁画式两种艺术形式。埃及人在浮雕上施以色彩，并用程式化的装饰图像，表现其神王合一的主题，有较高的装饰美感，如图2-47、图2-48。

图2-46 古埃及家俱装饰艺术

图2-47 古埃及浮雕壁画

图2-48 古埃及装饰壁画

2. 古西亚与波斯装饰艺术风格

古西亚指两河流域（幼发拉底河和底格里斯河）的古代美索不达米亚地区，包括伊拉克、伊朗、叙利亚、土耳其等国家部分领土的地理范围，其文化涵盖到波斯及小亚细亚文明，装饰艺术有如下几方面。

（1）金属雕刻装饰工艺　公元前9～公元前7世纪，伊朗的《三狮金杯》把圆雕与浮雕装饰巧妙结合，达到装饰的主次与高低视觉效果。古波斯地区的萨珊王朝时期出产的银盘，自古以来都享有盛誉，银器多以宫廷生活或神话为主题，其装饰手法多为写实，刻画细致，并在周围配以优美的卷草纹样，如图2-49。

（2）彩陶装饰工艺　古代金石并用时代中，陶器装饰设计较为繁丽，流行图像多为动物和人物，美索不达米亚地区陶罐精美，如图2-50。波斯帝国时期，陶器被流行的绿釉陶所代替，并以贴塑、捏塑、刻花、压印花

图2-49　古波斯金属雕刻装饰

图2-50　古西亚陶罐

纹为装饰图像。同时，公元前6世纪巴比伦王国城墙，采用大面积深蓝底色的釉面砖镶拼，再用白、金黄、赭石、绿色等为浮雕花纹作为装饰壁画的艺术形式，如图2-51。

（3）波斯细密画　装饰风格运用东西方艺术互相融合的绘画语言，采用了东方散点透视，即多视角点作为装饰构图，把具象的不同景、物、人按照视觉流程重新建构组合，使美的意境得以再现。波斯细密画创作的主题来源于抒情诗歌，如图2-52。

3. 伊斯兰装饰艺术风格

以伊斯兰教为基础而发展起来的伊斯兰文化艺术，随着阿拉伯帝国征服叙利亚、巴勒斯坦、埃及、波斯等国家，且传播到中亚、南亚、西亚、北非和欧洲西南等地区。可见伊斯兰文化艺术极盛一时。其艺术特征是把希腊、罗马、印度、中国艺术与宗教艺术以及阿拉伯民族艺术的装饰语言结合起来，在服装艺术、金银器、陶器、玻璃器具、染织、花体书法、插图、书籍装饰、雕刻、清真寺建筑等方面，都追求丰富华丽的装饰风格。例如，《古兰经》手抄本封面装饰采用皮革压花、烫金和髹漆装饰，漆艺与封面装帧相结合的设计方式是伊斯兰民族的一个新创造，如图2-53。

图2-51　巴比伦王国城墙

图2-53　伊斯兰书籍装帧设计

图2-52　波斯细密画

4. 美洲装饰艺术风格

遍及古代美洲大陆的印第安人，可能是最早来自亚洲东北部的人类族群。他们在种植、医药、天文历法、建筑、陶器、金属铸造、编织等方面并不逊色于古代任何民族，其装饰艺术有鲜明的独特性。受宗教仪式影响，创作主题多为对自然界形形色色神灵的崇拜，并将人物、植物、动物简化、变形、夸张作为装饰造型，其审美情趣显露出东方人的纯真与朴实，与中国青铜艺术狰狞肃穆之美的装饰风格相近似。由此可以发现古代美洲装饰艺术，是否可能源自于中国装饰艺术风格的脉络，有待考证。如图2-54。

（1）墨西哥装饰艺术风格　古代印第安文明是以墨西哥城为中心，直到13～16世纪，阿兹特克奴隶制度国家文化遍及全墨西哥地区，强烈的宗教崇拜心理，造就了太阳神、月神、雨神、云神、火神、战神等，以活人献祭的宗教仪式文化与独特的艺术形式，其中装饰艺术有以下两种。

①金属工艺。米克斯克人用失蜡法浇铸的胸饰最为精美，如图2-55。

②陶器。特奥蒂华古城遗址出土两种陶器，一是手工制作的陶器；二是模制陶器，装饰手法或采用阴刻法，黑白对比鲜明，造型夸张，多以符号样式为装饰图像，或采用繁复装饰的方式，把宗教雕塑艺术与日用器

图2-55　墨西哥金属胸饰

图2-54　印第安装饰

图2-56　墨西哥浮雕陶钵

具造型相结合，作为象征神秘理念的追求，例如祭仪火钵，如图2-56。

（2）玛雅装饰艺术风格　由100多个城邦形式的玛雅装饰艺术，不仅著名于美洲，在世界装饰艺术史中也有较高的文化价值。它在天文、文字、绘画等方面的装饰图像有极高成就。至今，学者们仍在探讨。直到15世纪时才衰落下去。装饰艺术如下。

① 柱式石碑雕刻。采用浅浮雕、圆雕，或高浮雕的形式，其内容以祭奠仪礼、天文占卜、神话传说等为题材，多用紧密明快的构图和曲直线条造型作为装饰风格，如图2-57。

② 陶器。多用几何图形，线条简洁、明快，融合了陶艺雕刻与绘画为一体，有装饰壁画之美感。此类陶器彩绘的装饰语言，是玛雅艺术的典范之一，如图2-58。

图2-57　玛雅浅浮雕

图2-58　玛雅陶罐

③ 书籍装帧。玛雅人在薄薄的树皮上涂石灰浆制成书本，然后把神灵与象形文字组合成书籍篇章，图文并茂，有很强的装饰形式美感。

5. 日本装饰艺术风格

公元7世纪，中国唐文化和佛教传入日本，在一定历史时期内，奠定了日本民族的美学观念。然而在模仿、改造、创新中，日本又发展了其民族文化艺术。装饰艺术如下。

（1）陶瓷设计　江户时代多采用釉下青花和釉上彩绘，其中彩绘瓷追求柔和，线条纤细，略显文弱的风格。京都仁和寺陶瓷大师仁清把绘画性技法与装饰性融为一体，将贴金技法引入瓷器的彩绘，设色古雅绚丽，如图2-59。

（2）漆艺　日本平安时代"和风化"风格的漆艺，在10世纪才成熟起来。经中国、朝鲜传入日本的漆艺，由唐代的华丽艺术风格开始倾向日本式的淡雅。镰仓时代漆艺多莳绘或镶嵌螺钿，江户时代漆艺把书法作为其装饰形式，具有文人书卷美感。直至现代漆艺仍受到这一风格的影响，如图2-60。

（3）服饰艺术　日本奈良时代服饰和室町时代服饰显示浓厚的中国唐服风格，并以此形成了和服的定形。其装饰风格繁丽而不艳俗，也不拘泥具象，有秀丽奔放的美感，如图2-61。

图2-59　日本陶器

图2-60　日本漆艺

第二章　装饰艺术设计简史

图2-61　日本服饰

三、古代西方装饰艺术设计

公元前2600年，文明的曙光开始照耀克里特等地域的地中海岛屿。直到17世纪工业革命之前，古代西方的装饰艺术经历了古希腊、古罗马时期，中世纪时期，从文艺复兴到早期工业革命发展时期三个重要阶段。

1. 古希腊、罗马装饰艺术

西方艺术源于古希腊，而古希腊、古罗马艺术则以建筑、雕塑、雕刻作为其文化艺术的代表。古希腊的心脏是雅典卫城，文化影响远超其国家和民族的范围，包括了马尔干半岛和爱琴海岛屿以及小亚细、埃及、北非、意大利西西里、黑海沿岸，史称"爱琴文明"。古罗马帝国艺术深受古希腊的影响，二者共同开拓了西方文化艺术的大门。

（1）古希腊瓶画装饰风格　希腊陶器装饰分为几何风格、东方风格、黑绘风格、红绘风格、白绘风格，多为主体与平面形式，把绘画与装饰的完美统一在一起。黑绘风格的陶器装饰艺术的代表作《弗朗索瓦双耳陶爵》，绘制了神与人、人与动物之间的斗争，构图与造型极富装饰魅力，如图2-62。

（2）古希腊、古罗马雕塑与建筑装饰风格

① 雕刻。古希腊雕刻与建筑互为一体，其中建筑的柱式装饰又分为陶立克柱式和科林斯柱式。陶立克柱式富有男性刚健的力感，古罗马时期的爱奥尼柱式，装饰追求柔美风格，而科林斯柱式装饰则更显示出华丽之风，如图2-63。

② 雕塑。古希腊雕塑《拉奥孔》表现了动与静的结合，三角形构图，人物大小不按整体正常比例的具象造型，人体的美成为西方艺术史中经久不衰的主题性赞歌，如图2-64。

③ 建筑。古罗马君士坦丁凯旋门保存了古罗马时期的雕塑，是装饰艺术的精华，也是一部罗马雕刻史，如图2-65。

④ 金银器具。古罗马金器装饰以精美而驰名世界，奴隶主将拥有金银器视为财富地位的象征。器形有碟、碗、杯、刀、耳环、首饰、服装等。例如，《骷髅之舞银杯》则利用高浮雕式表现手法为它的装饰语言。

⑤ 玻璃器具。古希腊腓尼基地区的西顿为早期的玻璃制造中心，至古罗马时期已遍及各地区而达到成熟发展。玻璃器具装饰的技法丰富多彩，有绚丽的图案和肌理，或玲珑精湛或秀美典雅。有浅浮雕状装饰、透雕装饰、五色玻璃装饰，最著名的是在反射光中具有变色功能的《利库尔戈斯玻璃杯》。

图2-62　古希腊瓶画

图2-64　古希腊雕塑《拉奥孔》

图2-63　古希腊柱式

图2-65　古罗马凯旋门雕塑

图2-66　拜占庭狄奥多西方尖碑

2. 中世纪装饰艺术

自476年古罗马灭亡到15世纪近千年的中世纪，希伯来文化、日耳曼文化、古希腊古罗马文化共同影响了欧洲基督教文明。各地域各民族文化艺术各放异彩，装饰艺术出现拜占庭风格、中世纪早期风格、罗马式风格、哥特式风格。

（1）拜占庭建筑、雕塑装饰风格　公元395年，东罗马帝国以君士坦丁堡为首都，又称拜占庭帝国，其文化影响至小亚细、巴尔干、意大利南北部以及西班牙等地区。最具代表性的有伊斯坦布尔的狄奥多西方尖碑，属于比较典型的雕塑式建筑，如图2-66；还有为沙皇庆功而建筑的瓦格西里大教堂，由九座不同高塔组合，在色彩和外观上均用不同的装饰，被誉为"用石头描绘的童话"，如图2-67。

（2）早期中世纪和罗马家具装饰风格　法国加洛林王朝君主御座，四条用狮子纹饰的椅腿精美华丽，加洛林艺术沿袭了古罗马风格的装饰可见古罗马装饰风格之盛。

（3）哥特式建筑装饰风格　源于11世纪的法国，著名佳作有"巴黎圣母院大教堂"，其装饰多采用尖拱形建筑格局，内部空间高旷，通体有尖拱、尖门、尖卷，体现出向上的刚直美感，并以彩色玻璃制成大窗，创造出神奇而美妙的境界，如图2-68。

图2-67　瓦格西里教堂

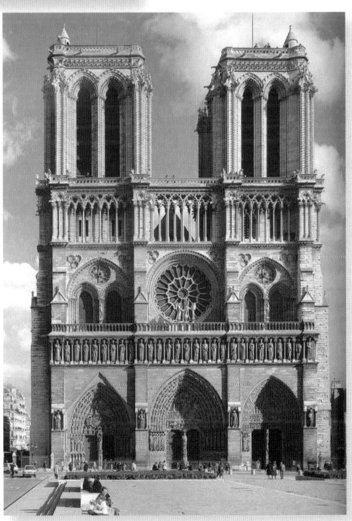

图2-68　哥特建筑　巴黎圣母院

3. 文艺复兴、巴洛克、洛可可装饰艺术

15～16世纪的文艺复兴，是以人文主义思想反对中世纪宗教的束缚，弘扬科学与人性解放的社会转型时期，因此装饰的审美观念比中世纪时期发生了巨大变化。此后的装饰艺术出现了17世纪的巴洛克风格和18世纪的洛可可风格两个黄金时期。

（1）文艺复兴时期壁画、家具、陶器的装饰风格　这一时期的建筑、雕塑、壁画三位一体，成为装饰艺术的主要形式。文艺复兴三杰之一画家、雕塑家、建筑师米开朗琪罗，有较高成就。意大利首都罗马梵蒂冈教皇宫庭式建筑、园林、喷泉有很多的装饰艺术设计至今令人赞美不绝，其中西斯庭教堂顶棚上的壁画《创世纪》，把写实与装饰形式融为一体，富丽堂皇，如图2-69。意大利家具设计以高浮雕表现涡旋、贝壳、花果、异兽、小爱神等图像。此时，由于绘画与雕塑的影响，陶器也追求装饰的艺术性，在《陶艺三书》中曾记载15种装饰，如刀剑式、树叶式、阿拉伯式、哥特式、花鸟式、果实式、典故式、肖像式、烛台式等。后来，法国人又创造了一种著名的"田园风格"的陶器作为装饰设计，如图2-70。

图2-69　文艺复兴西斯庭教堂壁画

图2-70　文艺复兴陶罐

（2）巴洛克建筑、陶瓷装饰风格　意大利巴洛克装饰风格流行17～18世纪的欧洲，追求色彩丰富艳丽，常用一种曲面或椭圆空间和有动感的造型为装饰手法。例如，青花陶器的装饰，仿照中国康熙时代为样式，但造型迥然异趣。最具有巴洛克风格的建筑是罗马城内圣卡罗教堂，其建筑外型自由活泼，殿堂平面呈现橄榄形，殿堂正面装饰调有曲线和动态感，以及凹凸外形，形成豪华辉煌的视觉效果，如图2-71。

（3）洛可可装饰风格　以法国为代表的贵族社会中，追求纤巧，柔媚，富丽的审美情趣。在家具装饰、室内装饰、服饰设计中，采用了曲折多变的波浪形式和非对称形式，显示出对浪漫主义艺术的追求。洛可可轻柔女性化的装饰语言，被欧洲各国争相模仿，而绅士式英国抛弃了法式艳俗奢丽，用优雅简练的装饰风格作为艺术语言，直到现代社会中，其洛可可的装饰风格仍不乏其例，如图2-72。

图2-71　巴洛克罗马圣卡罗教堂

图2-72　洛可可室内装饰

第二章 装饰艺术设计简史

第三节　现代装饰艺术设计流派

19世纪至20世纪，世界进入工业社会文明，传统手工艺装饰艺术，走向现代工业艺术设计，装饰艺术开始关注科技性、标准化、社会商业化等因素，从而使表面的纯装饰功能由传统艺术形式开始转为理性主义的思考，并用科学和艺术规律来探索现代装饰艺术的设计。1919年，德国格罗佩斯创立包豪斯学院，提出"建筑家、雕塑家和画家们，我们应该转向应用艺术。"并认为"艺术家与工艺技术人员之间并没有根本上的区别"。艺术设计应由传统的理想主义走向理性和科学性，并提倡艺术与技术统一，设计的目的是为人而不是为产品，并应遵循自然与客观法则来进行设计。20世纪上半期，欧洲各国艺术家，背弃古典与传统，对美学价值观念与艺术形式以及表现语言，进行了不断的探索创新，由此开创了装饰艺术设计史上的大千世界。直到后现代工业社会出现了形形色色的不同艺术理念和流派，在现代主义艺术设计中，装饰艺术设计也显现出前所未有的多元化艺术风格。

一、现代派艺术风格语言

1. 奥地利维也纳"分离派"艺术装饰风格

1897年，一批先锋派艺术家、建筑家、设计师组成艺术团体。1903年正式成立维也纳生产同盟，其金属器具注重几何形式美感，1933年同盟解散。其设计风格推动了插图、版式、招贴画的设计，画家克里姆特注重平面和东方图像作为装饰设计的风格，取得了华丽的色彩美感，如图2-73。

2. "印象派"美术的装饰风格

源于19世纪70～80年代法国，新印象主义画家修拉和西涅克创造了点彩派来表现色彩；后印象派画家凡·高具有装饰美感的油画作品《向日葵》，已经远远超越了具象艺术的价值。德加、凡·高、高更等印象派画家们把色彩美感的研究推向极致的程度，如图2-74。

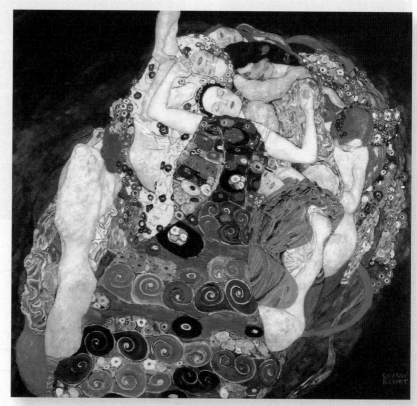

图2-73　维也纳　克里姆特《处女》

3. "野兽派"装饰风格

是20世纪西方前卫艺术派别之一,领袖为马蒂斯,成员有德兰、马尔凯等人。他们追求强烈的艺术风格,认为绘画准确并不等于真实,作品应注重表达主观感受,当时的人们认为他们是疯狂的,被称为"野兽派"。虽然野兽派以强烈的色彩和情感的宣泄作为审美价值,但对西方绘画和装饰风格产生了重要的影响,如图2-75。

4. "立体主义"装饰风格

20世纪初,法国立体派画家毕加索已不满足具象艺术的语言,他用几何形体来概括自然形状,把夸张变形的图像重构组合,达到了用形态构成画面的目标,以追求装饰形式美感的价值。这一对形的简化表达,开创了现代形式构成的美学基础和设计原理,如图2-76。

图2-74 后印象派 凡·高 《向日葵》

图2-75 野兽派 马蒂斯 《生活的快乐》

图2-76 立体派 毕加索 《格尔尼卡》

5. "未来派"装饰风格

1910年，在意大利以波菊尼为代表的艺术家们，注重对速度的美感表现形式，认为艺术品不应是静态而应呈现不同视点，强调动态与速度表现形式，雕塑作品有《空间中持续的形体》，如图2-77。未来主义艺术风格主要体现在平面设计中，把书写与版式，作为视觉设计的形式，文字不再表达内容而是视觉设计的元素，用多种色彩和字体，采用动态的构成，强化文字的表达能力，至今仍是现代版式设计中的一种风格样式。

6. "达达主义"装饰风格

20世纪前期产生于瑞士，后流行于欧美，其艺术理念认为世界无规律可循，且反对现存艺术形式与风格，反理性主义设计，艺术创作应该表现动态的美感，不以静态为表现准则，是对传统艺术大胆地突破。其特征为反传统、反理性、反审美，使作品怪异、虚无、强调自我，使作品具有强烈的视觉冲击力。例如杜尚的作品《下楼梯的女人》，如图2-78。

图2-78 达达派 杜尚 《下楼梯的女人》

图2-77 未来派 波菊尼 《空间中持续的形体》

图2-79 构成主义设计

7. "构成主义"装饰风格

在第一次世界大战前,俄罗斯先锋派艺术家马列维奇等认为艺术形式应该是抽象几何形式,致使雕塑作品犹如工程结构物体,而被称其"构成主义"艺术,在当时的平面设计中,运用高低错落、大小参差、图文对比等的版式构成,产生了强烈装饰的视觉效果,如图2-79。

8. "装饰艺术运动"装饰风格

1910 ～ 1935年受现代主义艺术影响,源于法国,"装饰艺术运动"是指装饰设计艺术发展阶段中,多种类型的现代风格的总和。波及建筑、雕塑和日用品设计等各方面,影响到法、美、英等国家的一场国际性设计运动。其装饰形式风格构成因素有:

①埃及几何图形;

②非洲、南美洲原始艺术;

③现代工业点、线、面几何构成与结构;

④舞蹈艺术与音乐韵律感。在其装饰设计理念下,各国在各个设计领域中创新了许多迥然不同的装饰艺术风格,涵盖了社会各个层面的艺术设计,如图2-80。

图2-80　美国装饰艺术运动设计风格

二、后现代主义艺术风格语言

第二次世界大战后,世界美术的中心开始转移到美国,一个有国际影响力的抽象表现主义艺术家波洛克用滴画创造了"行为艺术",反映了新的美学观念。后现代主义艺术对现代主义设计的"艺术形式追随功能"的观念并不肯定,而更注重在艺术设计中进行人性化设计。装饰艺术设计理念也有新的发展,反对现代主义艺术的单纯形式,主张恢复装饰性和娱乐性,并用折中主义吸收古代装饰艺术,使之具有个性化、传统化、装饰化、自由化、多元化等艺术特色,出现了无统一风格的各种不同装饰设计风格。

1. "波普艺术"装饰风格

1960年,英语"大众化"之意(POP)的波普艺术,是反现代主义主流设计的运动,主张打破各门类艺术界限,甚至用生活中的实物来拼接、合成艺术设计。装饰艺术的形式强调新奇与独特,且又将具有通俗化趣味性作为设计风格。例如,用人体造型为沙发样式,如图2-81。波普艺术没有固定风格,只是在艺术形式主义上探索多样化的装饰设计而已。

2. "宇宙风格"装饰风格

1964年间由美国波及欧亚地区的宇宙风格，是基于宇宙航天技术形成的装饰设计理念。在建筑、工业产品、家具设计领域中，多用流线形、曲线形、圆形、球形作为装饰形态造型设计，至今仍有一定影响，例如，现代地铁建筑设计，如图2-82。

图2-81　波谱艺术设计风格《半裸的坐椅》

图2-82　宇宙风格　日本的地铁设计

图2-83　米罗《荷兰的室内》

图2-84　达利《公寓式的维斯特头像》

3."超现实主义"装饰风格

超现实主义绘画在西欧历史较长，出现的画家很多，对生活中的装饰形式影响也比较大。超现实主义的表现方式多种多样，千奇百怪，而且每个画家的表现风格也截然不同，几乎成了20世纪艺术的一种新语言。米罗、达利都是超现实主义的代表人物，米罗是用看似漫不经心的、充满稚拙的形体和色彩表达一种纯净的梦幻生活，被人们称为"把儿童艺术、原始艺术和民间艺术融为一体的大师"，如图2-83。达利以自己超然的才华和思维，发挥自己无限的想象力，强调梦幻与现实的统一才是绝对的真实，力图把生与死、梦境与实现统一起来，具有神秘、恐怖、怪诞等特点。"超现实主义"绘画，对装饰艺术的语言和形式，进行了新的探索，如图2-84。

4."抽象主义"装饰风格

20世纪欧美各种抽象主义艺术，朝着两个方向发展，一是着重感情表现的，被称为"抒情的抽象"，或者"热抽象"，如图2-85；一是着重表现理念的，被称为"理性的抽象"，或者"冷抽象"，如图2-86。也可以说是以康定斯基为代表的表现性抽象和以蒙德里安为代表的几何性抽象。前者主要是抒情抽象艺术家，而后者则开拓了几何抽象主义道路。抽象主义对后来的装饰有着非常重要的影响。

图2-85 热抽象《黄—红—蓝》 康定斯基

图2-86 冷抽象红黄蓝 蒙德里安

5."解构主义"装饰风格

20世纪80年代，在形态造型设计中，反对总体统一，重视个体，突出部件本身美学价值意义的解构主义观念，已经应用到了现代建筑外形装饰设计和其他设计的领域。解构主义观念否定古典的和谐、统一、完美，主张如下。

①散乱组合：在形状、色彩、比例、尺度上自由构成。

②残缺：不求完整感。

③突变：各局部无连贯性，且突出。

④动势：用倾倒、扭转、弯曲、波浪、翻倾、错移、滑动等作为装饰形态设计，其实质仍是一种有理性的构成主义，如图2-87。

6.简约主义设计装饰风格

1980年，简约主义设计是一种在形态设计中采用清晰、明确、纯粹、冷静的抽象结构和色彩、肌理来取代传统的造型与色彩的形态设计。其风格明快而又简洁，产生纯粹的形式美感作为形态的装饰设计风格。法国设

图2-87　解构主义建筑

图2-88　简约主义　《Bubu坐凳》

计师菲里普·斯塔克的设计作品表现出一种单纯又高尚的形式美感，也是当代室内外环境艺术设计、工业产品外形设计的一种流行风格，如图2-88。

[本章小结]

　　中外美术史可谓之装饰艺术的历史，在绘画艺术与设计艺术之间，装饰艺术的踪迹可谓无所不在，并遍及中外各个设计领域和层面，而当今盛行的西方后现代主义艺术与设计观念，实质是在现代社会中多样化审美文化的现象，也是当代艺术多种文化形态互相兼容而无需统一风格的艺术流派，因此，强调在装饰艺术设计中，应该具有国际化的视野，同时又必须坚持中国传统文化，这才是拓展中国现代装饰艺术设计的重要途径。

练习题

2-1.　请收集30～40个中外装饰艺术图像，作为自己的装饰设计资料库。

2-2.　分析中国青铜艺术、美洲印第安装饰艺术、玛雅装饰艺术图像的造型特色与差异。

2-3.　分析波普艺术的艺术理念。

2-4.　参照毕加索作品的艺术理念，自行创作一幅水粉色装饰作品。

第三章

装饰艺术形态设计

　　装饰艺术的美感有赖于对物质形态的构成设计，也称造型艺术。其构成一是概念形态，包含了美学价值与审美创造的过程；二是物质形态，包括概念形态的物化，即人工形态，以及自然形态两种形态形式。其中人工形态在物化过程中，不可不涉及其点、线、面、块、体等纯粹形态，或称为形态的本质，虽然其具有概念形态因素，但又是所有形态构成的共同基础。

　　然而，形态中人工形态构成设计，是装饰艺术设计的重要课题。它包括以下几类形态要素：平面形态、立体与空间形态、色彩与材料肌理形态、运动形态，以及综合构成形态，即由多种不同形式的形态要素，构成二维形态和三维形态及多维形态。装饰艺术设计正是通过形态要素的聚合或裁切、扩展或缩小、具象或抽象、增加或删减、破坏或重构等多种方式，创造出不同形式美感且又丰富多彩的装饰形态设计，如图3-1。

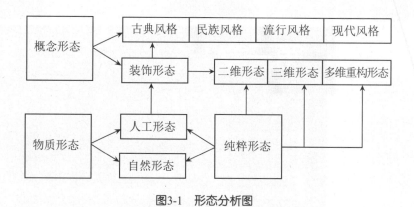

图3-1　形态分析图

　　数千年的中外装饰艺术史，向人们展示了装饰形态设计多种美学价值和艺术流派风格，如民族传统风格，古典风格，流行风格，现代风格等。装饰形态设计在处理形态内在结构与外在视觉传达时，必然反映不同的设计师个体意识和艺术追求。装饰设计是人类认识世界与改造世界中，传达出来的强烈的欲念和本能，是主体对美学价值观念的尊重与肯定。装饰形态设计，往往体现了一个民族的意愿与社会的精神风貌。

第一节　二维与三维形态设计

　　二维装饰形态指平面设计，多运用于中外装饰绘画、现代平面艺术设计、中国民间剪纸、皮影、蜡染、刺绣、木版年画、民间吉祥图像等多种装饰艺术。三维装饰形态指立体设计，多运用于雕塑、建筑、产品造形、空间展示装置等多种装饰艺术。

　　手工业时代的装饰形态，建立在传统的美学观点基础上，追求和谐统一的形态美感。西方现代派艺术则追求变异重构的形态美感，并以现代平面构成和立体构成的原理，作为其形态构成的基础，即装饰艺术设计的基础原理。

装饰艺术涉及面广泛，既有共同形态构成的规律，又有各门类装饰艺术自身的独特形态特征。装饰形态的视觉设计元素由形体、方向、色彩等构成，分述如下。

1. 形体

形体是物质构成的外在形态，有以下几种。

① 自然形态。指自然界原生态的形态，艺术设计中称其为具象形态，如植物、景物、动物等。

② 装饰形态。指主体审美创造的具象装饰形态或抽象装饰形态，都是艺术形态的设计。

③ 抽象形态。指几何形、有机形、或不规则形的视觉符号或图像，可称之意象形态，如现代非具象雕塑艺术。

④ 创意形态。指运用发散思维、求异思维、联想思维等对图形的创意，多用于图形设计中。

值得关注的是，对形体的全部视觉元素进行设计处理时，首先要落实的是形态构成方式，装饰形体造型设计有多种方法。

① 单项形态。可采用对称、分割、比例、特异、组合构成等形式作为局部性装饰形态的造型，如现代平面设计。

② 组合形态。可采用正负、重复、近似、渐变、对比作为整体性装饰形态设计的造型，如装饰浮雕的设计。

2. 方向

方向是以方位为内涵的构成形态因素，有上、中、下、左、右、直、斜、正侧、居中、偏向等动势、节奏、韵律等运动。

3. 色彩

色彩是指色彩明度、纯度、色相三要素，所构成配置关系形成的视觉概念形态。

上述三个形态构成要素，在装饰艺术设计中应进行重新建构，其过程为：自然原生态形态→形态分解→重构形态设计。即运用了对原自然形态打散、分解、构成的方式来设计装饰形态。其途径是以对比或统一的原则，创造性地将装饰形态的视觉元素进行不同方式的编排构成设计，其基本形式有以下三种。

（1）视觉元素整体设计方法　即把视觉元素总和进行编排处理后，达到三种装饰形态构成设计风格。

① 和谐均衡统一的装饰形态，一般采用同方向、同形状、同大小，近似或同类色相，使装饰形态各个视觉元素对比小而趋向协调性和一致性的视觉效果，有典雅、清秀、庄重的美感设计风格。

② 丰富、变化、艳丽的装饰形态，一般采用方位均衡的不同形状，大小有对比、色相有差异变化，使装饰形态各个视觉元素的编排达到稳定中有对比性的视觉效果，产生丰富多彩的美感设计风格。

③ 新奇、特异的装饰形态，可将全部视觉元素进行无规律性的不同形状、不同方位、不同色相、冷暖与明度进行对比，产生零乱无一致性来强化视觉张力，由此产生奇异的设计风格。

（2）各个视觉元素局部设计方法　在装饰形态中把全部视觉设计元素的其中一部分元素加以改变。其编排处理原则是，保持一部分视觉元素的一致性，另一部分视觉元素作对比变化处理。有多种编排处理方法，例如以下两种。①基本形的大小、方位保持一致性，变化形的肌理或者色彩，即仅仅把视觉元素中的某一个别元素作变化处理。②将基本形的色彩作出变化处理，使其他装饰形态视觉元素的编排保持统一性和一致性的协调处理。由此，装饰形态设计，将产生千差万别的形式变化和多样性设计风格。

（3）视觉设计元素中对应元素的设计方法　即某一个视觉元素（或色彩或形状或方位）内部的对应关系的排编，采取对比关系的设计，有多种方法，例如以下两种。①基本形状如大小、长短、直曲、繁简、对应因素过多，则对比大，装饰形态有强烈的视觉冲击力，反之有柔和的视觉传达效果。②方向、色彩等其他视觉因素内部的对应关系设计，同上述原理一样，可以达到多种不同装饰形态构成的设计风格。同时，装饰形态视觉元素设计的方法，应该是多种途径，多种方式的创意设计。

第二节　装饰色彩设计

色彩美感由红、橙、黄、绿、青、蓝、紫七个色相，及其色相的不同明度与纯度的互相不同的配置而产生的。它包括了色相对比、明度对比、纯度对比、面积对比、冷暖对比、多色同时对比与补色对比等基本原理。同时，色彩常引发人的心理活动和感情的联想。不同民族、人群有不同的色彩审美视觉需求、习惯和爱好，而色彩又受到传统文化的影响，装饰色彩正是在多元化的组合构成方式下，给予设计师们积极地探索与创新的途径。

1. 色相的抽象联想

白	神圣、纯洁	黄	病态、光明
灰	郁闷、典雅	绿	希望、青春
黑	死亡、庄重	青	冷淡、理想
红	危险、热情	紫	消极、高雅
橙	焦躁、华美	茶	沉静、古朴

装饰色彩的设计，应遵循色彩审美情趣和色彩心理学为导向，并考察不同国家、不同民族、人群对色彩的认知习俗和偏好，作为色彩设计的参考。

2. 不同国家、地区、民族的色彩设计的导向

法国：厌恶墨绿色，儿童男喜蓝色，女爱粉红色。

西德：喜茶色、黑色，忌深蓝与红色。

奥地利：流行绿色为高贵色。

比利时：橙色、蓝色为国色。

瑞士：喜三原色，忌黑色。

意大利：喜黄色、橘、红、绿色。

爱尔兰：绿色为国色，忌白、红、蓝、橙色。

英国：金或黄为忠诚、银、白为纯洁、红为勇敢热情、青为诚实、绿为希望、紫为帝王、橙为力量和忍耐、紫红为献身、黑为悔恨与悲哀。

挪威：喜红、蓝、绿。

保加利亚：忌鲜绿色。

西班牙：喜黑色

希腊：喜白、蓝色，紫为国色。

葡萄牙：青色+白色为君主色。

塞浦路斯：喜高纯度、明度色。

印度：红为活力、蓝色为真实、黄为光辉、绿为和平、紫为宁静悲伤、白为神至喜庆。

泰国：多用鲜明色，有按日期穿不同色服装习俗，周一黄色、周二为粉红色、周三绿色、周四穿橙色、周五穿淡青色、周六穿紫红色、周日穿红色，红、白、蓝为国色，黄为王室色。

缅甸：爱鲜明色。

马来西亚：绿色为宗教色和商业用色。

日本：喜红、绿色，多彩为春夏用色、少彩为冬季用色、青为青春色、黄为未成熟色、白为天子色、黑为丧事色。

土耳其：白和绯红色为国色。

巴基斯坦：喜鲜明色，忌黄色，翠绿色为国色。

伊拉克：绿色为伊斯兰教色，商业禁用色。

埃及：绿色为国色，忌蓝色。

叙利亚：喜青蓝色、绿色、红色，忌黄色。

摩洛哥：喜低明度色彩。

突尼斯：喜绿、白、红。

美国：黑、黄、青、灰表示东、西、南、北方向，大学各专业神学为橘红色、哲学为青色、文学为白色、绿色为医学、法学为紫色、理科为金黄色、工科为橙色、音乐为粉红色、美学为黑色。不同月份也用色表示，一月黑或灰、二月青色、三月白或银色、四月黄色、五月淡紫、六月粉红、七月天蓝、八月深绿、九月橙或金色、十月茶色、十一月紫色、十二月红色。

委内瑞拉：黄色为医药。

墨西哥：红、白、绿为国色。

巴拉圭：喜鲜明色。

巴西：紫色为悲伤、黄色为绝望、暗茶色为不吉利。

秘鲁：忌茶色。

综上所述，不同国家地区的习俗用色，是进行外贸会展设计、产品包装设计、服装设计、工业产品设计等装饰色彩设计必须遵循的用色原则。在现代全球一体化的市场经济竞争中，掌握这一原则，设计师才能够在装饰色彩应用设计中，力争获取成功的可能。

3. 中国民间装饰色彩的继承与创新

中国民间装饰色彩多用于庙堂、壁画、陶器、玻璃、刺绣、蜡染、雕刻、泥塑、剪纸、皮影、木版年画、农民画，面具脸谱等多种艺术中。古老的传统艺术色彩具有夸张、寓意、纯朴、简练性，其色彩设计目标不是作为客观的再现性表述，而是追求理想化的自由与主观表现，使色彩设计具有强烈的象征意义和鲜明的视觉价值。经过数千年历史的沉积，中国民间色彩形成了自己独特的色彩风范和语言。应该采取古为今用的原则，在继承民族艺术中不断创新，是把握好当代色彩设计的一个重要课题。

中国民间色彩俗称为五色。黑色为基色，饰以红、青、黄、白。而青色，红色称为艳色，白为明色，黄为中和色；若以黑色为底色，其他四色则艳丽夺目，从而达到装饰的效果。举例如下。

① 敦煌壁画色彩多为朱砂（橘红）、青绿、土红、石青、石黄为主要色相，局部施金箔以增强华丽的装饰效果，如图3-2。

② 中国清代福建漳州木版门画用红、黑、石绿、橘黄、白等色相为装饰。而木版年画则用对比色相黑与白、红与绿、紫与黄为装饰。山东木版年画多用红紫、绿黄、黑等色相装饰，具有强烈的视觉效果，如图3-3。

③ 中国陕西的民间剪纸用草绿、玫瑰红、柠黄、钴兰、黑色五种色相为装饰，创造出华丽无比的视觉效果，如图3-4。

图3-2　敦煌壁画

图3-3　山东木版年画《摇钱数》

图3-4　陕西民间剪纸

图3-5　苗族女服

④ 河南、山东、甘肃、陕西的布艺玩具以黑、黄、白、红、蓝、绿、为装饰色相，显示出乡土艺术的特有韵味。而中国苗族女服，用黑为底色，红色为图案装饰色相，有庄重又热烈的美感，如图3-5。

白色和黑色是中国汉文化与西南少数民族文化的象征色彩，而古代有"墨分五彩"之说。更何况古代《画论》有记载："画缋之事杂五色，东方谓之青，南方谓之赤，西方谓之白，北方谓之黑，天谓之玄，地谓之黄"。以至于黑、青、红、白、黄五色派生出五性、五味、五官、五脏、五毒之说。"五色观"，是中国传统的色彩观念，在各类民间艺术中广泛使用。中国传统"五色"作为装饰色彩设计，又延伸了具有更深价值意义的五色系列，作为创新民间色彩的设计。①黑色、白色为中性色，延伸色有金色、银色、灰色；②红色：玫瑰红、大红、朱红、桃红；③青色：翠蓝（中绿+湖兰）、钴蓝、紫罗兰；④黄色：柠黄、中黄、土黄、草绿或中绿。

正是由于五色有丰富的文化内涵，其装饰色彩则具有质朴、纯真、强烈、绚丽、变化美妙、充满生气勃勃的生命力。

分析民间色彩设计的规律，不难发现其装饰色彩设计的规律性，即运用了对比色相的编排，达到强烈的视觉美感。如冷暖对比规律、明度对比规律，黑与柠黄、白；色相对比规律，红与中绿；纯度对比规律，中黄与紫等方式，作为装饰色彩的常用方式。

传统民间装饰色彩的借鉴与创新设计，是当代装饰艺术设计的重要途径，由此创造出既具有东方文化传统艺术，又符合时代精神和社会人文价值意义的艺术风格。

4. 现代装饰色彩的设计与运用

现代装饰色彩设计以色彩构成原理为基础，并按以下科学规律进行创作设计。

（1）色彩主次法　在冷色、暖色、灰色、艳色中，以一种颜色占据画面的大面积，作为设计物主体的总色调，然后，以其他色相为小面积色彩设计元素，达到局部色相与整体色相的装饰色彩效果。

（2）色彩均衡法　与力学杠杆原理相同，在设计色彩中均量分布色彩的冷暖明暗、面积、强弱、轻重，使不同方位、形状、性质的色彩呈现有秩序的均衡分布，达到典雅而又和谐美感的装饰色彩效果。

（3）色彩衬托法　适用色彩的对比衬托，有冷暖衬托、灰艳衬托、繁简衬托、明暗衬托等多组对应元素互相进行大小、强弱的对比设计，达到生动，艳丽，有童趣化美感的装饰色彩的效果。

（4）色彩寓意法　色彩情调是装饰色彩进行寓意表达的有效途径，也是装饰色彩本质的表现。

（5）色彩透叠法　运用二色相加产生第三色相，即重叠色相作为色彩装饰的原理，由此而延伸为多种抽象装饰色彩手法。

（6）色彩渐变法　用色彩渐变推移的方法，产生即有变化又有统一美感的色彩装饰设计。

（7）电脑艺术设计中的装饰色彩运用　当电脑艺术已经成为艺术设计的主要工具和形式的时候，人脑的艺术创作仍旧在驾驭着电脑艺术设计，并起着主导性的作用，电脑艺术设计中创造千姿百态的装饰色彩，也是装饰绘画色彩设计所难以达到的视觉效果，例如，梦幻、浮雕、笔触、透叠等也是传统艺术无法比拟的。

装饰色彩设计中并没有固定不变的方式，艺术总是不断涌现出新风格和新形式，因而，多元化的装饰色彩形式，有待于每一个设计师不断地创造和探索。

5. 装饰色设计案例分析

（1）服装色彩的装饰设计　服装色彩是动态视觉色彩，同时又展示了人的审美心理，又具有文化传播的意义和价值。国际流行色协会依据世界政治、社会、生活、审美观念与艺术潮流等多种因素来选择色彩的意象，作为国际服装色彩的流行色设计，它是一种色彩理念的前沿性和倾向性，是以色彩文化的观念来引导色彩的装饰设计，流行风格和艺术的普及。除此之外，服饰色彩的装饰还要依据自然环境、消费对象、民族文化等因素，来决定其设计，如图3-6。

（2）广告色彩的装饰设计　平面广告是一种商业文化形式，其色彩画面构成的元素有图像、文字、版式。所形成的总体色调必须与其所处的环境色产生对比关系，而不能采用同类色、近似色等同化方式。同时，广告画面以强烈对比的色彩作为装饰设计，如图3-7。

（3）商业插图色彩装饰设计　彩色插图包括摄影、插画、图表等，是指论证文字的图示，也是一种视觉传达设计中的艺术形象。其色彩决定于商业需求，或产品性质，或广告对象的职业、年龄、爱好等因素。例如，动漫画色彩的设计，多以艳丽色作为色调的装饰风格，来满足青年人对色彩的心理感受，如图3-8。

（4）网页色彩的装饰设计　在网页界面中LOGO的位置和菜单是组织色彩最丰富、最能达到视觉信息传播的区域，色彩的形态是造成人的心理愉悦、幻想、好奇的重要设计元素。网页色彩的形态的变化应有一定的秩序感，简洁、明快、层次清晰、宜条理化；界面整体色调要和谐，注意大小不同面积色相的配置，既统一，又变化。例如，选用高明度中性色彩为总色调，达到柔和的视觉效果，再用补色对比的小色块点缀，产生轻松、愉悦的设计效果。又例如，采用低明度，低纯度色彩达到庄重典雅的视觉的效果，再用高明度或高纯度色块作为对比，产生稳重，典雅的美感。网页色彩配置是多样化的，其色彩装饰设计应力求与众不同，有强烈的视觉效果才能获取成功。

装饰设计中的主观性与情感特性，使装饰色彩成为意象性色彩，而不是再现性色彩。人的主观

图3-6　服饰色彩

图3-7　2010戛纳广告节国外获奖作品

图3-8　电脑插图设计

性色彩和感情色彩，能产生新奇和独特的视觉感受并引发共鸣，在选取色彩、组织色彩秩序时，文化性、审美性应该运用于装饰设计创意中，使色彩的视觉信息的传达产生意想不到的效果。

色彩的意象信息有赖于装饰形态的参与，二者共同创造了视觉传达的审美情感和个性化特色。装饰色彩独特的美学价值，正是主体与众不同的审美创造才得以实现的。审美活动的过程是客体与主体的互相作用，而优美、柔美、壮丽美、弱美、丑美等美的形态，只有通过主体的主观与情感特性，才得以实现审美创造，否定这一特性在审美创造活动中的作用，是不客观的。正是人的主观与情感特性，再造了艺术想象力，使装饰艺术超越人的定势思维的模式，进入理想的境界，创造出独特的装饰风格和艺术语言。

第三节　装饰的形式美感法则

形式美感依附于装饰设计的物质存在，而设计物象征某种精神观点、内容。如青铜器的饕餮图像。在装饰艺术中，形式美感超越形态特征，具有独立审美的价值意义，装饰艺术设计必须探索这一规律，有意识地去将物质形态的形状、色彩、质感等设计元素，转化为审美意念形态，创造出富有形式美感的装饰艺术形态。

1. 抽象与单纯

简洁、单纯、抽象来源于自然原生态的形态，实质是高度归纳、提炼为本质的几何形态。抽象与单纯的形式美感，富有寓意性和可识别性与记忆性，例如，毕加索对牛的变形，如图3-9。现代抽象雕塑的形式美感，便是这种收敛性创意思维的结晶。

2. 量感与张力

立体均有量感，而不同形状有不同量感。凹凸体有相互对比的美感，曲面体有轻巧变化的美感，简块体有敦厚纯朴的美感，如图3-10。

张力指装饰物本身气势和视觉张力。例如，动势感、倾向性、运动感、爆发力等构成的视觉特征的形式美感，如图3-11。

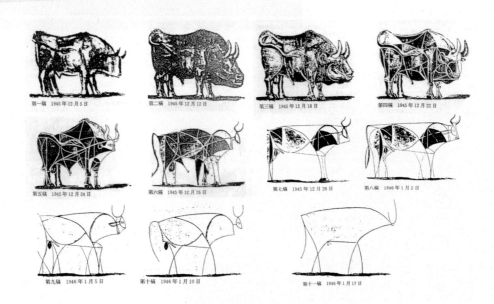

图3-9　自然形与抽象形

图3-10　简块量感形式雕塑

图3-11　张力形式雕塑

图3-12　节奏与韵律形式雕塑

3. 和谐与秩序

东方美学以和谐完美为美学价值的取向，装饰设计中和谐与秩序的形式美感有以下几项。

（1）多样与统一　即①主次统一，主要形态与次要形态保持一致性；②重复，即二次连续或多次连续等繁殖与配置所构成的形态美感。

（2）比对调和　装饰形态和语言，既有对比性又有同一性，达到和谐形态美感。如大小、多少、实虚、密疏、明暗、鲜浊、冷暖、上下、前后。

（3）均衡对称　均衡指等量不等形的不同方位形态的对应关系有疏有密、有实有虚，构成形式美感。如左右、上下、放射、对称、回转等，均衡富有沉着、安静美感。

（4）节奏韵律　运动形式中有规律地反复连续重复而产生节奏，节奏美感形成韵律。如强弱、聚散、起伏、回旋、重复、渐变等不同组合产生形式美感，如图3-12。

4. 错视与变异

西方美学以特异为创新艺术流派，将自然形态打散、分割、繁殖、重构，打破传统的静态平衡，完美的秩序美感建立起错视、变异形态。例如，正负形、倾倒、扭转、变异、突变、不规则形、特异等，以此拓展视觉冲击力，形成反传统的现代

图3-13　错视与变异形式封面　　　　　　　　　图3-14　寓情与直白吉祥图像

构成形式美感，如图3-13。

5. 装饰与构成

现代装饰设计是多种的形式美感的组合，包括形态的结构美、肌理美以及复合形态的美感形式，例如，粗犷与精细、简洁与富丽（如灯具装饰）、单纯与夸张（如汉画石装饰）、寓情与直白（如吉祥图像装饰）等，如图3-14。

形式美感在装饰设计中不能死搬硬套地照搬，而应该依据不同对象用不同形式进行创新，形式美感法则只有不断地探索新的理念，才能创造出高水准的设计美感。

第四节　现代装饰材料视觉语言

人类进入21世纪，物质材料标志着现代社会文明的历史和进程，现代装饰艺术设计中离不开对新型材料与传统材料的需求。装饰艺术的设计，有赖于物质材料才能得以实现。

1. 物质材料的类型

（1）手工业时代常用的装饰材料　金、银、木、石、象牙、骨、泥、玉、竹、棉麻、丝绸、草、漆、瓷、陶等。

（2）工业时代常用的装饰材料　除保留手工时代的现有材料外，还有玻璃、水泥、塑料、树脂、纸张等新型材料。

2. 装饰材质的"语言"

传统装饰艺术设计，多用一种材料为主体，现代装饰设计则多采用复合性材料，即1～3种互补性材质作为装饰艺术的语言，并传达了作者的思维观念和审美情趣。

　　材料的装饰语言来自于自然材质的纹理所产生的形式美感，包括秩序、格律等视觉元素。如树干的年轮和粗麻布的经纬线交错，还有待于设计师对形式、秩序、格律等视觉元素的编排设计，例如，将树木年轮的圆形与粗麻经纬线组合成装饰的"物语"，可获得视觉的装饰"语言"，多采用反向思维获得材料反常规的视觉新奇感，如在玻璃上镶嵌拉链，如图3-15。

　　综合材料的装饰语言富有创意性，多用于服饰、日用品、壁挂、软纤维雕塑、金属雕刻等材料的再创造。其本质现象是把材料品质作为装饰语言进行重构设计，物质材料本身也是艺术品，如果材料的"物语"传达了艺术家内心深层次的文化艺术积淀，那么，任何一个观者不可能不会为此装饰艺术的视觉效果而惊叹，如图3-16。

　　3. 综合材料的形式美感设计

　　多种材料组合构成装饰艺术品，既是人们熟悉的，又令人感到陌生。因此，单一材料已经不再保留其原有价值意义了，重新建构的新的综合材料的物象，已经被赋予了深层次的文化价值和象征意义。而且，它已经开始与观者的思想情感发生互动性，于是各个被综合起来的材料，都一一产生了新的生命力，它们不再是自然物，而是一种超越装饰意义的信息传递艺术设计。设计方式与步骤如下。

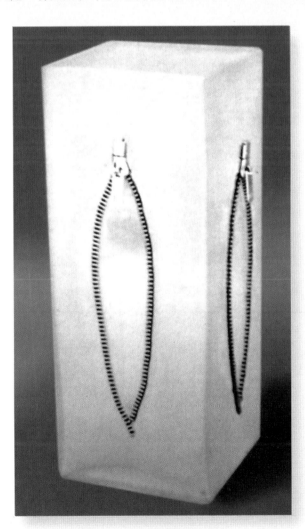

图3-15　反常规装饰材料设计　　　　　　　　　图3-16　综合材料装饰

（1）选择常用材料

① 金属片、玻璃、陶、铜、石等硬质材为彰显沉稳、力感、有阳刚美感，如图3-17。

② 丝、麻、棉、毛、纸等软材为彰显飘逸、活泼、动感有阴柔之美，如图3-18。不同材料传递不同情感，有不同"物语"的价值意义。

图3-17　金属材料装饰

图3-18　纤维材料装饰

（2）步骤

① 构图稿。要用线描画出造型及效果图，注明材料、色彩、肌理的视觉语言。

② 制作。不同目标、不同材料，有不同工艺要求。它是一门综合性的工艺制作方式，可以达到不同的艺术设计视觉效果，从而满足不同的审美情趣和要求。它可以是精雕细琢，产生精美细腻美感，因此，运用不同制作方式，可以使材料传达不同的视觉语言和不同美感。

③ 展示。不同材料的装饰艺术需要不同展示环境，室外装饰艺术的材料使用耐晒、耐雨水、耐腐蚀的材料。而室内装饰艺术材料多用纤维、石膏、玻璃、纸版等易损材料。同时，不同装饰艺术在展示中需要不同辅助条件，如空间、园林或地面、墙面、展示台等。

富有装饰形式美感的各种形态材料，是一些静态的艺术语言或符号，或装置，它们给人以有序的、或无序的、或残缺的、或有张力的、或寓意的、或抽象的装饰形态，它是人的观念、思维、文化、艺术的综合表达，给人以无限的审美空间与意境之美。

[本章小结]

装饰形态可分为概念形态和人工形态，包括二维、三维和多维的不同形态构成设计。形式美感是其设计的目标，综合材料的应用设计是装饰艺术的基础设计，色彩传达了视觉信息，不仅仅是美感。装饰艺术设计不仅是自然物质的设计，而是在文化的沉积下产生了新的生命力的形态设计，它超越了装饰自身的价值，而具有现代信息工程的意义。

练习题

3-1. 中国民间色彩的应用设计。

3-2. 装饰材料应用设计。

3-3. 简述装饰形态构成。

第四章

环境艺术篇——装饰艺术应用设计与工艺

环境艺术是当代各国城市化进程中的一项公共环境艺术设计，它涉及人与社会和谐的生态环境设计和可持续发展的生态环境设计，有被称其为人性化设计和未来设计。

自古以来，环境艺术的概念是建立在建筑艺术的基础上的，"小桥流水人家"不仅仅是文学美感，更反映了古代朴素的生态美学观念。源远流长的中华文化艺术影响了亚洲各国和欧洲的艺术。反之，西方外来文化艺术对中国建筑艺术的促进，仍是中国现代环境艺术设计与国际接轨的重要途径。因此尊重和发扬民族艺术设计风格，吸收西方环境艺术设计的精华，才能创造出具有东方文化特色的现代环境装饰艺术。

现代装饰艺术在环境艺术设计中，应用广泛，本章仅对漆壁画、壁挂、装饰雕塑和现代景观标识艺术门类作大致的介绍。

第一节 漆艺设计与工艺

中国自古有"漆国"之称，至今传统漆艺有约7000年历史。现代漆画属于中国美术家协会主办全国美术作品展览的画种之一。漆壁画也是环艺中壁画创作的形式之一。而漆工艺品作为陈列艺术有较高收藏价值，成为外贸出口工艺品之一。在当代中国漆艺术家乔恍、冯建新等开拓、创新下，中国现代漆画艺术在各地漆艺专家的创新中，拓展了如下许多新的漆艺表现形式。

① 平面式艺术形式：即漆壁画、漆画装饰小品等形式的艺术语言的漆画作品，如图4-1。

② 浮雕式艺术形式：即采用浅浮雕凹凸刻漆艺术形式，作为壁画或壁挂装置的漆艺作品，如图4-2。

③ 立体式艺术形式：即立式、卧式或悬挂式立体的漆艺术工艺品，如图4-3。

漆艺的艺术形式在不断地创新和发展，中国部分高校艺术设计系开设了漆艺专业，各省高校的漆艺教授与研究所专家工程师，为繁荣中国漆艺作出了努力，创造了不少优秀的现代漆艺作品。

（1）漆的种类 一是大漆，是半透明天然树脂漆。其在湿度80%，温度为25～35℃时，涂刷后形成坚硬漆膜，可研磨，且光泽沉稳雅致，是中国传统漆工艺，但制作复杂。二是腰果漆，是腰果汁与苯调和呈棕红色漆。在空气中常温干燥，是漆艺常用材料，工艺简便。三是聚氯脂树脂漆或聚酯漆，属化学漆。漆色透明易干可多色调和，日久易变色，且略偏黄，色漆光泽缺乏厚重感，但研磨后可改变。

（2）工艺材料 金银粉、金银箔、金属丝、螺钿、蛋壳、漆皮粉、铜、铝细粉等；蛋壳和色粉，如朱砂、酞氰、石绿、石青等。

（3）工具 刮刀、牛角刮刀（刮漆版底灰）、油画刀（调色漆）、画笔（油画笔、毛笔、化妆笔）、漆刷（排刷、羊毛刷）、干丝瓜瓤筋（制作色漆肌理用）、水砂纸300～500号（研磨色漆）。

（4）漆壁画基本制作程序 制作漆版面（或平面或有肌理）→用线描方式将图像画于漆版中→镶嵌材料（蛋壳或螺钿片过多则呈工艺匠气）→分阶段、分不同色块、分先后完成图像各个色漆工艺制作，并采取不同的漆艺技术，达到所需要的视觉艺术效果→在色漆未干时撒色漆粉或铝、铜、细末粉→薄腰漆罩画面→打磨（即用水砂纸有控制地打磨出多种肌理视觉效果）→研磨推光（即用细颗粒旧水砂纸打磨平整版面，后用植物油加瓦灰或者用牙膏沾在手掌反复顺着一个方向推磨，使漆面细腻呈亚光状完稿）。

（5）漆艺技法 在磨显前，漆艺往往采用多种工艺技法和手段来完成，主要技法有罩明、镶嵌、变涂、刻漆等等。介绍如下。

① 罩明法。用透明薄漆罩涂在漆版上，是漆艺最后工艺基本技法。要求画面达到犹如水平的平整度，多用稀漆罩涂。

② 变涂法。先埋色漆后罩明再磨显，其技法多种多样。例如，用麻布、胶滚、干丝瓜瓤筋等蘸色漆在版

图4-1　平面式漆艺作品

图4-2　浮雕式漆艺作品
陈圣谋

图4-3　立体式漆艺作品

面上压印、拖拉、滚动等方法产生纹理。变涂法又称彰髹，是漆艺中重要的语言和创新。

③ 镶嵌法。满足漆艺语言丰富性则用镶嵌技法，即涂一层漆为粘接剂，贴蛋壳或金属薄片或铝丝、铜丝、螺钿片、金箔、银箔等材料。不同材料产生不同视觉艺术的效果，但需视整体效果的需要作出挑选，不宜多用。

④ 刻填法。在漆面上用针或刀刻成图像后，再填入金、银、彩漆等，以丰富视觉效果。或戗填，即先刻漆形成凹面后，再填金银色漆或彩色漆；或雕填，即用刀刻阴纹，饱填彩漆再磨平漆画表面。而刻漆法则用刀刻至底色，露出黑漆为图像。

⑤ 堆塑法。采用类似浮雕的方法，用色漆、漆灰调和后，厚堆成点、线、面，达到非统一平面的漆艺效果，多为现代漆壁画形式。

⑥ 泼洒法。稀释色漆后用点、洒、喷等方法产生奇妙的浑然天趣效果。

漆艺技法多种多样，且需要不断创新，才能使传统漆艺在现代装饰艺术设计中产生新的生命力，如图4-4。

图4-4　现代漆雕
陈浩泉《舞》

第二节 装饰雕塑设计与工艺

装饰雕塑设计是现代环境艺术中的重要项目，分为圆雕和浮雕两大类，圆雕指四周均可观赏的立体雕塑形式。浮雕指在平面上雕塑出有凹凸感的雕塑艺术形式。装饰性雕塑有室内外装饰雕塑和建筑物件装饰雕塑。

从陶器、玉器、青铜器到宗教雕塑，从宗教庙宇直至帝王宫殿与民居建筑，装饰雕塑可谓精美无比，其特征是以应用价值与审美价值作为环境艺术中独特的创造形式。

1. 装饰雕塑的设计

装饰雕塑以形式美感的表现方式，多用概括、归纳、提炼、夸张等技法达到装饰设计的目标。具体方法如下：

①对自然形做变形处理；

②对人物、动物夸张神态或者进行简化与美化处理；

③对圆雕做虚实、动静、曲直、大小等视觉效果处理；

④对装饰壁雕采用平衡对称式、并列重合式、对比式、主次组合式、放射聚合式等形式，作为装饰壁雕的构成设计和艺术表现手法，如图4-5。

2. 装饰雕塑的材料

装饰雕塑材料有木、石、玉、金属等。木质材料给人以朴实亲切；石质材料给人以含蓄和稳重，是建筑中常用的装饰雕塑材料；玉石有珍奇高贵感，多为装饰工艺品使用材料；金属材料以不锈钢、铜质材料为主，给人沉静、亮丽，多制作为室外装饰圆雕和浮雕。各种材料均有不同的雕塑工艺和技法。

3. 装饰雕塑的工艺

中国民间彩绘泥塑有悠久的历史，如先秦时期陶俑，到现代已经发展到多种材料、多种形式的雕塑艺术。彩绘泥塑历代属于"乡土艺术"形式，是遍及中国南北方各省农村的民间艺术，多用黏土塑造，干透后施以鲜明浓郁的色彩，造型夸张生动，最有代表性的是彩塑艺术家"泥人张"，其雕塑主题多以戏曲人物，社会风情为主，为中国彩塑做出了极大贡献，如图4-6。而宗教彩绘泥塑多用黏土、石灰、干草调合后进行塑造，待干透后施以和谐华丽色彩，造形典雅精致。彩绘泥塑制作的一般工艺如下。

（1）准备阶段 泥塑工具在美术商店有成套出售，也可以用铁丝、竹、刀自制，泥塑用无杂质、无沙质、细腻的黏土，雕塑的骨架用铁丝、竹片、木棍制作，高于50cm的雕塑要做支架。

（2）雕塑阶段 草稿（多用线描和结构素描方式绘制正侧面效果图）→制作雕塑骨架，要小于雕塑的外形→塑造雕塑整体与局部的基本形态，包括体积或面积的比例、穿插、组合动势等整体处理→修改各局部，包括转折、线条、凸凹，使局部精致化。

（3）后期阶段 雕塑完成后的处理方法，一是干透后上颜色作为彩绘泥塑，二是据此制成石膏材料的雕塑作品。其中翻制成石膏外模型的一般方法如下。

图4-5　对称式装饰雕塑

图4-6　民间彩绘泥塑

将泥稿用塑料或金属薄片分隔为两块（复杂形用多块）来浇外模，浇外模时在泥塑作品表面先涂层洗衣粉水、或蜡、或黄油为隔离剂→将熟石膏粉搅和成稠状糊到泥塑上，并加棕麻贴石膏中，再加一层石膏，约达到1cm厚度（大型雕塑要加厚）→将多块外模拼接处画上连接标记，以便今后拼接精确无误→撬开外模时，可灌入一些水后再开模，取出泥巴，洗干净后将外模内部涂一层隔离剂→将外模按标记拼接好，以无间隙为准，然后将石膏均匀倒入外模内填满四周，达到0.5cm厚度，可铺棕麻加固→待石膏硬结后，用刀片从外模拼接处轻轻撬开，获得石膏雕塑→用石膏修补残缺处，多余部分用刀削掉，然后用砂纸打磨光滑，最后是上色，则完成石膏材料的雕塑作品，如图4-7。

此基本原理方法还可用于玻璃钢材料的装饰雕塑的翻制。

4.石雕艺术简介

中国北京、山东、河北曲阳、福建惠安、浙江、四川是传统雕刻之乡。石雕材料有汉白玉、大理石、花岗岩石、沙岩石等。选材应注意用水淋石材，有水纹线、裂纹，则石材不合格，因为石雕的过程是不断地做减法，要求石质材料的完整无损。

制作工艺如下，用点型仪从石膏模型中找出高点和低点，并移至石头上→用大尖刀刻除多余石料，获得准确基本的形体关系→用尖刀和平口刀将体积雕刻出来后，进行局部精细雕刻→用小平口刀和锉刀对细部雕琢打磨和修饰处理完工。

5.金属浮雕艺术简介

金属雕塑源于青铜艺术，后发展为金银饰品和日用品，多以铜、铁等材料为铸造形式。现代装饰壁雕多用不锈钢、合金钢、钛金、铝、铝合金为材料，并运用腐蚀、切割、焊接、锻制、拼铆、打磨、抛光等现代技术

图4-7　石膏外膜翻制步骤

图4-8　金属雕塑

作为金属浮雕制作工艺。

（1）准备阶段　用优质钢筋条截成5～10cm长度并打制成扁形、方形、钩形、圆形工具，选0.4～2.00m的紫铜板或黄铜板或不锈钢板为材料，准备沙袋为锻打垫底，还要在化工店选购稀释盐酸、硝酸铵、硫化钠备用。

（2）制作阶段　用石膏或泥塑制作雕塑模型作为参考物→将铜板在火上加热后自然冷却（热处理工艺中退火处理）→在铜板上画线描稿后用平口刀凿出内外轮廓，凿出雕塑最高处和最低处，形成体积感，并强化轮廓与大的基本形体关系→加热铜板（使铜的金相组织细化而具有伸展性），同时用胶泥或者石膏粉和立德粉调入加热的沥青后，粘在浮雕背面有利于再凿敲→对浮雕局部精雕细琢、修饰、锻打完成后，清除沥青或胶泥→用1：50稀释盐酸清洗浮雕表面后，再用1：50稀释硝酸铵和1：100稀释硫化钠刷于作品表面，铜板经药水腐蚀产生色泽变化达到要求时即用水冲洗干净→用细砂纸擦拭浮雕表面，上蜡或涂刷透明漆保护。

6.金属圆雕制作工艺简介

圆雕分成多块锻制，然后再把各局部焊接合成圆雕的整体形态，打磨平整焊接口，大型圆雕内部要用钢支架和龙骨为支撑才能牢固，在城市雕塑中一般多采取金属圆雕或石雕，如图4-8。

第三节　装饰壁挂设计与工艺

装饰壁挂是室内装饰性陈列艺术品，其特征，一是工艺品，二是纯艺术品。现代装饰壁挂多用于室内环境艺术设计，陈列于博物馆和展览大厅、商务中心或会议大厅等公共场所，有高雅艺术美称。其类型有平面式、浮雕式、立体式三种，按材料分类有两种。

①软纤维壁挂艺术，包括棉、毛、麻、棕、草、竹、藤、柳条、线绳。

②综合材料壁挂艺术，包括金属、石、木、纤维、漆、皮革、玻璃、陶片、塑料、贝壳、海螺等。

装饰壁挂设计与工艺因材料不同而工艺技法也不同。其基本工艺步骤一般为，构思→绘制色彩效果图和工艺制作计划书→选择材料→实施工艺制作→修改完稿。

1.纤维壁挂纺织工艺

纤维壁挂因材料柔软有亲和力，在环境艺术中具有人性化的艺术特色，其壁挂编织制作工艺如下。

（1）工具　木框架、剪刀、餐叉、竹片条、小铁钉、锤子、电炉、铝锅等。

（2）基本步骤

① 染线（依画稿色彩而定，并把各色纤维线圈成团状备用）；

② 钉框架（三合板上下二端各钉木条一根后，在每根木条中精确地钉上、下二排铁钉）；

③ 绕经线（上下要平行依次绕）；

④ 锁边（在经线的上下底边用人字纹锁边）；

⑤ 在经线与三合板之间插入壁挂色彩稿图作为用色线编织的依据；

⑥ 挂线（按照彩色稿图中各局部二种色相之间的位置，挂上两种相对应的色线团）；

⑦ 色线的相交（两个色线相交时采用类似X形反串结而成）；

⑧ 边线回头（色线串结到最外边的经线时，一律返回串结到最外面的第2～10根经线中来使之牢固）；

⑨ 浮雕式效果（可垫高局部，色线不与邻近色线相交，直接在经线上回头）；

⑩ 完成编织后，检查四个外边的锁边；

⑪ 互相邻近的经线剪断并立即打结完工，如图4-9。

2. 综合材料壁挂工艺

综合材料壁挂使用多种不同材质，其肌理所构成的艺术语言，具有一种古朴的"拙"味和回归自然的视觉张力，其制作工艺步骤如下。

（1）工具　备用各种工具，例如，锯子、剪子、锤子、电烙铁、铆钉等。

（2）基本步骤

① 画壁挂设计线描稿，并注明使用材料及尺寸；

② 第一阶段，按设计稿选用各种材料，将壁挂各个局部制作加工；第二阶段，主体壁挂用木质漆艺或皮革有选择性地镶嵌金属、螺钿、贝壳；或用纺织纤维、或蜡染、或其他材料；第三阶段，非主体壁挂用纤维、金属片、扣环、木竹材料、皮革丝条等材料；

③ 将各个局部进行拼接（一般用前后、左右、上下形式组合各局部，采用麻绳、金属环链粘接方式）；

④ 调整、修饰局部的装饰图像或纹样；

⑤ 完工。

（3）壁挂尺寸　一般在墙体上方安装射灯，而壁挂的尺寸以视觉距离的因素而定，不宜过大，但也不能太小而缺乏气势。

综合材料的壁挂艺术类似波普艺术，同时又有欧洲乡土艺术的风格，其制作便捷，材料丰富，只要有创新的设计理念和艺术修养及文化功力，便能创作出好的作品来，如图4-10。

图4-9　纤维壁挂

图4-10 综合材料壁挂

第四节 现代景观标识艺术设计与工艺

现代环境艺术中，新兴学科总是层出不穷，现代景观标识艺术是公共环境的装饰艺术，具有视觉传达导向功能，展现景观，美化空间的艺术形式。艺术设计师们从商业文化、城镇标识、社区、交通与建筑景观等多方面、多角度为切入口，进行创意设计。

1. 标识艺术设计分类

有交通导向设计，如交通指导标牌；有商业景观设计，如霓虹灯、广告标识与吉祥物；有公共景观标识设计，如街头装置艺术；有社会机构标识设计，如浮雕式装饰图形；有国际通用标识，例如机场、商务中心，国际组织的统一标识。

2. 标识艺术设计材料与工艺

常规材料用石材、有机玻璃、金属、玻璃钢、塑料、木材等。其制作工艺因材而异而多种多样，有以高科技方式制作的霓虹灯标识；有以手工艺或机械加工制作的木质、石质、金属材料的标识；有以化学工艺制作的有机玻璃、玻璃钢、塑料等标识；有采取综合加工工艺制作的复合型材质的标识等。

标识艺术发展将有较大的市场前景，日本、欧洲等各国城市景观标识丰富多彩。随着中国城市化进展，标识艺术将迎来新的机遇并开始朝城市环境景观公共装置艺术的方向发展，如图4-11。

图4-11　景观装置艺术

[本章小结]

　　装饰艺术在环境艺术设计中应用十分广泛，室内漆壁画艺术、壁挂艺术、装饰雕塑艺术，尤其是现代景观标识艺术，都是国内环境艺术中有一定价值意义的专业。本章节注重其专业知识要点并加以阐述，使学生专业实践能力得以提高。

练习题

4-1. 考察现代景观标识艺术的设计与工艺，分组赴城市各商业区，把商业、社会机构、交通等标识艺术用速写的方式记录下来，并用文字注明其材料、色彩和形式美感。

4-2. 分析漆艺中材质的创新运用，并设计一幅漆艺草稿，注明色彩、材质、漆艺技法、工艺流程或步骤。

4-3. 设计综合材料的壁挂，画山线描图并注明材料和工艺流程。

4-4. 运用民间色彩设计制作彩绘泥塑。

4-5. 运用解构主义原理设计制作面具纸塑一个，达到非具象构成设计效果。

DECORATION DESIGN

第五章

视觉传达设计篇——装饰艺术设计与工艺

第一节　装饰图像在广告设计中的运用
第二节　装饰图像在包装设计中的运用
第三节　民间工艺装饰艺术设计
第四节　装饰绘画艺术

装饰艺术在平面设计中运用十分广泛，可以说平面构成艺术的表现形式也是装饰艺术。对现代平面设计人员来说，装饰艺术设计是一项基本的创作技能。

第一节　装饰图像在广告设计中的运用

广告设计运用平面构成原理和电脑图像处理技术，形成了具有现代感的设计风格，然而，艺术设计是多元化的形式美感，中国广告设计中如何包容东方文化而获取世界广告设计艺术的金杯，成为平面设计师们所追求的目标之一。

传统装饰图像本身是装饰艺术的瑰宝，吉祥图形的寓意性美学价值至今仍然十分普及，例如龙、凤等。在广告设计中，采用远古岩画、彩陶、青铜艺术、画像石、敦煌艺术、秦俑、瓦当、青花瓷图像、皮影、蜡染、剪纸、面具、象形文字甚至非洲木雕、玛雅雕刻、印第安图形等作为设计元素，进行扩散、分解、重构，形成既古朴、典雅又有文化沉积的视觉冲击力，此类设计仍有不少新的创意空间，如图5-1。

在广告设计中，传统装饰图像与其他广告设计元素（标题、正文、随文）共同组合画面的视觉形式，应有选择地采取能引发情趣的创新编排的手法，才能达到设计的目的。

第五章　视觉传达设计篇——装饰艺术设计与工艺

图5-1　房地产广告设计

第二节　装饰图像在包装设计中的运用

中国传统装饰图像运用于包装设计中，不仅促进外贸与市场销售，同时也弘扬了中国传统文化，并且，丰富了包装设计的文化内涵和艺术的表现形式。

传统装饰图像在包装设计中的运用，为中国包装设计获得较高的赞誉的是香港平面设计师靳埭强。中国包装艺术把现代平面设计与东方神韵和意境之美有机结合起来，使欧美国家在东方文化的新奇感中，引发市场的热点，说明了在包装设计中，传统的装饰图像有着重要的审美价值和意义。

在包装设计中，要注意包装的形态设计、色彩设计、文字设计、商标设计与传统装饰图像有机地结合在一起，创作出富有创新的设计理念和设计风格，从而达到设计的目标，如图5-2。

图5-2　面条包装设计

第三节　民间工艺装饰艺术设计

中国民间工艺装饰艺术遍及于北方和南方各省乡镇，艺术种类繁多。南方有傩文化的面具艺术；北方有民间剪纸、皮影、彩绘泥塑等。民间工艺品的设计还有许多鲜为人知的传统装饰艺术。

1. 民间馍塑装饰艺术

陕西省合阳县俗称"花馒头"的装饰艺术，在民间广泛流传。中国北方有"馍"风俗文化，属"秦艺"一绝，面塑制作艳丽无比，有观赏和食用的双重价值，是民间久负盛名的装饰艺术。在农村的婚嫁、满月、做寿、祭祀、建房上梁大吉等民俗活动中，作为赠送的礼品，这与尚礼义重红白喜事，好民俗节日的民族意识和文化精神是一脉相承的。

（1）面塑制作材料　面粉、染色面团（装饰用）、小米（蒸熟后黄色作为装饰用）、芦苇秆（或细竹篾作为固定支撑物品）、食用颜料（加水染绘用）。

（2）面塑制作工具　小刀、菜刀、小剪刀、镊子（用来切面、剪花）、梳子（压印排线用）、小杆杖（杆制面皮做花）。

（3）面塑制作工艺　和面→（染面可在蒸面前或蒸面出笼后染色）→制作面花（即用动物、人物、植物作为局部装饰用）→上蒸笼蒸熟→取出面馍点染彩色→局部贴彩纸图像→插花完成。

面花的传统造型与色彩均有强烈的形式美感，在装饰色彩中只用柠檬黄、中绿、黑、玫瑰红、翠绿、蓝色作为装饰面花的基本色相，达到了艳丽无比的视觉效果，如图5-3。

图5-3　馍塑装饰

图5-4　民间布艺

2. 民间布艺装饰艺术

民间传统布艺是"乡土艺术"中的珍品之一，题材涉及人物、动物及服饰等方面，它集布塑与刺绣装饰为一体，以妙趣横生的造型、吉祥喜庆的色彩、精细的刺绣技艺以及深厚的民俗文化为内涵，近年来，这一民间布艺成为经济市场中引人注目的工艺品。中国陕西千阳民间艺术以布艺枕为著名，其制作方法如下。

（1）布艺材料工具　各艳色棉布、丝线、200～250g纸、镀银镜片、锯木屑或荞麦皮、针、剪刀等。

（2）制作步骤

① 剪纸样。以造型尺寸为标准，剪出各局部和整体的形状。

② 裱布。把纸样粘裱贴于各色布上，按外形留1cm宽边，剪出开口，贴于纸上。

③ 绣制部件。在裱过的布上绣制图像。

④ 组合缝制。缝制时，若属立体布艺可用秕糠或锯末填充其内部，形成立体效果。

（3）布艺的品种　有虎枕、有十二生肖等多种不同造型，不同色彩，不同大小的品种，如图5-4。

第四节　装饰绘画艺术

装饰绘画因材料不同而分为油画、版画、工笔重彩画、水彩画、丙烯画等绘画形式。采用装饰造型和装饰色彩来表现人物、植物、动物、景物等平面装饰性或抽象性绘画，具有较强的形式美感。

1. 装饰绘画艺术与写实绘画艺术的差异

（1）构图　装饰绘画采用散点透视，图像用平面组合形式构成画面；写实绘画用焦点透视与近大远小的比例，决定画面的图像。

（2）造型　装饰绘画用解构设计表达非纯写实的平面化图像，具有形式美感；写实绘画用明暗立体关系精确的表达具象的质感。

（3）色彩　装饰绘画采用非真实且夸张的唯美主义方式表达；写实绘画采用逼真的艺术处理方式表达。

从上述比较可发现，具象艺术与装饰绘画的不同点，是因为对艺术的表达方式和语言的不同，前者多为立体写实，后者多为平面装饰或重构，艺术创作是多种形式的转换，两者共同点仍然是追求美学价值和形式美感法则的意义。

2. 不同绘画材料的特性与应用

（1）油画颜料　油质颜料特性为需待一定时间后才能干透，因此，便于随后修改图像，油画色分为国产和外国产，其特性相同。

（2）水彩、水粉颜料　粉质颜料中水彩画色薄，可层层晕染图像；而水粉画色可薄可厚，但过厚加胶，则易裂开。

（3）丙烯颜料　为色粉加化学固化剂调合而成，其色彩可覆盖水彩、水粉、油画色，且附着力好、干燥快、耐水、耐潮湿，可在纸、布、木竹、瓷器、玻璃、金属、墙面上作画。

（4）中国画颜料　其特性与水彩、水粉相似，一般在宣纸上使用。

（5）纺织颜料　其特性与丙烯色使用相似，但只用于纺织纤维材料上。

3. 装饰画的不同画种

不同材料的装饰绘画可分为以下几种。

① 油画、丙烯画色、中国画色，一般为壁画或为独幅装饰画。

② 水彩与水粉一般为独幅或组合式装饰画。

③ 纺织品色一般为服饰装饰图形设计用，如文化衫的装饰。

4. 装饰绘画的创作

（1）重彩装饰画　常在高丽纸或宣纸上以水彩、水粉、中国画色、丙烯色为材料，其绘画风格多为色彩浓重肌理细腻，注重传统重彩画与水彩表现形式的融合，如图5-5。

（2）沥粉装饰画　沥粉画是中国古代佛教壁画重要形式之一，敦煌北魏时期壁画采取了沥粉装饰技法，仍然沿用至今。沥粉线的材料，用白乳胶与立得粉调合，制成泥料，装在塑料袋内，经过挤压后，泥料从一个加装的漏斗中被挤出线条来，作为描绘图像线条用，获浮雕感，并在线条上涂金、银色，而线条内的图像则涂各种色相的丙烯颜料，获得装饰绘画效果，如图5-6。

（3）丙烯、油画装饰壁画　丙烯色可直接在处理后的墙面上绘画，但多用于布或木质材料上绘制装饰壁画。油画多用亚麻油画布上绘制装饰画。二种材料综合使用，可厚可薄，丰富了绘画语言。现在装饰壁画多用独幅或组合条幅的形式，作为油画、丙烯画的装饰绘画构成方式，如图5-7。

（4）电脑装饰绘画　电脑软件在美术设计应用十分广泛，是传统绘画无可比拟的。利用电脑储存图像信息便捷、可保存、可复制、可修改的特点，对手工绘制的色稿进行扫描储存后，进行重新解构设计处理，使作品更趋完美。同时还可以运用3DSMAX等软件，将平面图像设计与三维效果结合起来，创造更新颖的作品，如图5-8。

图5-5　装饰画　丁绍光

图5-6　沥粉装饰画

图5-7　丙烯装饰壁画

图5-8　电脑制作装饰画

【本章小结】

　　在装饰艺术中，把民族元素运用于现代设计中，使西方现代设计理念与东方文化内涵相互渗透相互促进，从而创新了当代设计。中西方文化的交融将升华广告和包装艺术设计，同时设计与绘画共同关注着装饰的形式美感，装饰艺术设计在视觉传达设计中成为最普遍的、最重要的设计创作形式。

练习题

5-1. 用古代图像设计广告作品一幅，用黑白稿或彩稿完成，画稿尺寸，用1开或2开图画纸。

5-2. 用有色卡纸或白卡纸或其他材料，设计制作包装盒一个，要求包装的立体形态有创意，色彩要艳丽。

第六章

服装艺术设计与工艺

服装设计是以服装的适用性、经济性、艺术性、创造性为前提的艺术设计，而现代服装设计所追求的形式美感可谓之日新月异。动态美感总是比静态美感更富有吸引力。服装艺术以美化穿着者为目的，具有形态美学的价值意义，又可称为活动的装饰艺术。

商周时期，人的衣冠穿戴呈朴实厚重的风度；唐代服饰受外来图案的影响，色彩艳丽，雍容华贵；明清时期装束富丽细腻；近现代，服装设计在保持了传统审美观念的同时，更注重服饰美感的创意，如图6-1。

图6-1　服饰创意设计

第一节　染织图案设计

古代早期纺织品以几何纹样为主，简洁、朴素。唐代后从波斯传入新的图案样式，使设计风格趋向丰富多彩。现代日常生活中的染织图案无处不有，包括服装染织图案，如衣、裤、裙、帽、鞋等服饰的图案；环境染织品图案，如地毯、壁毯、壁挂、被面、靠垫、桌椅、沙发布艺、窗帘布艺等图案。而染织图案工艺又可分为手绘、印花、织花、绣花、织印结合、印绣结合、扎染与蜡染等。目前，中国市场多以印花和织花为主，其二者风格差异是，前者编织排列活泼，后者繁华丰富。其表现的题材可分为：

①花卉图案。使用广泛，设计量大，有市场前景，如图6-2；

②动物、人物图案。多以卡通形象为设计内容，深受儿童、青年女性所喜爱，如图6-3；

③风景图案。多用于装饰布艺设计中，如图6-4。

图6-2　花卉图案设计

图6-3　卡通图案设计

图6-4　风景图案设计

　　一般从图案结构上看可分为两种，一是独幅纹样，其特征是单独性和适合性的纹样；二是连续纹样，有四方连续和二方连续两种，因其适用性强而运用广阔，如图6-5。

1. 染织图案设计

（1）传统几何图案设计的特点　以条理性和反复性构成其节奏与韵律感。

　　图案设计中最小的纹样单位设计，又称其为单形设计，如回字纹、万字纹、菱形纹等，利用单形繁殖的方式可产生变化无穷的图案设计。

（2）写意图案的特点　在保留自然形状特征的基础上，进行分解、加减、夸张、组合产生新的图形设计，不求真实，只求神似，而要达到写意的图案设计视觉效果，可采用多种技法。例如，运用拓印、压印、吹色、喷刷、滴流、拼贴等方法绘制图案。

（3）具象图案的特点　注重自然写实的形态。有卡通动物，也有花卉，用狼毫方法即用毛笔尖均匀分叉，蘸上所需色相，顺花瓣面的转折，灵活而不散乱地撇丝，即用枯笔干拖色彩形成花瓣质感，如图6-6。而动物、人物的具象图案设计，是近代染织图案中的常用方式，一般用线描造型，平涂色彩表现。多运用连续纹样为无限构图，采取局部图案拼接版图的方法完成。例如，平接版面法，采用上下、左右对接，连续制作版图，此法排列不当，接拼版图会使空白或版图错位。再例如，跳接版面法，多由四个边的上左、上右和下左、下右来接拼版图，多用于印花工艺。

第六章　服装艺术设计与工艺

图6-5　四方连续图案设计

图6-6　写实花卉图案设计

2．设计步骤

设计单形染织图案方法有多种，举例如下。

（1）连缀法设计　即按构图版面把主要图案选择在上左或下右，下左或下右位置，用填充方法增加附属图案，使整版图案既有变化，又饱满丰富。

（2）镶嵌法　首先设计图案大的结构和走势及其形式美感，然后填充各局部图案于结构框架内。

（3）散点法设计　用单独图案按不同构成方式组合而成。

以上3种方法都要注意最后调整四个边图案的连接关系，使连接版图准确无误。然后，再进行色彩制作，即用拷贝法制作正稿中大的色块，以及大色块之上的小色块或纹样，最后调整色版连接的准确性。

伴随室内设计大量使用纺织品，染织图案设计有较乐观的市场需求量，许多项目的设计都有一定的前景，例如，窗帘、床上用品、地毯等。因而，高水平纺织品花样设计人才将受到企业的欢迎，如图6-7。

图6-7　印染图案屏风

第二节　现代蜡染设计与工艺

蜡染艺术自唐代盛行起来后，到明清时期已发展到成熟阶段。现代蜡染艺术已经应用到室内用品设计中，如床上用品，沙发布、窗帘布等布艺设计，以及衣、裙、裤、鞋、帽、披巾、手袋挎包等服饰设计中，其应用广泛，如图6-8。

1. 蜡染概念

蜡染有黏附性强，热则溶冷则凝且防水，但是容易脆裂并呈现出冰裂形状的纹理，利用这一特征，对染色的纺织物进行防渗染工艺处理，达到对纺织物的图像设计，称蜡染。

2. 蜡染材料和工具

① 纺织物有亚麻布、平纹棉布、棉绸。

② 石蜡和蜂蜡混合使用。

③ 染料分为低温染料：蓝靛、硫化染料、活性染料、纳米尖托染料，还原染料，但色谱不多；高温染料：酸性染料，直接染料多用35℃染液浸染。

④ 工具有蜡刀、油画笔、排刷，300～350W电炉、电熨斗、搅拌木棍、手套。

3. 选配染料

① 选择活性染料作为染液的用量，以织物与水的比例为1:30，按照浅色、中深色、深色三种不同蜡染要求，染料与织物百分比和每一升染液的含盐量分别为染料0.5%，盐8g；染料1%，盐15g；染料5%，盐25g来

图6-8　蜡染壁挂

制作浸染织物的染液，浸染织物所需要的时间为60min，温度为30℃，浸染后取出放入固色液中。

固色液需要量按照织物与水1：40为定量。根据浅色、中深色、深色三种不同蜡染要求，制作每1L固色液加入不同量的纯碱量分别为8g、15g、20g，一般在固色液中浸泡30min后取出，用冷水洗涤；然后待脱蜡处理。

② 选择硫化染料配置染液的用量，以织物与水的比例1：30的量配置，按蜡染的浅色、中深色、深色的不同要求，使用硫化染料对织物的比重分别为10%、20%、40%。制作一升染液需用硫化碱分别为20g、40g、60g。具体操作方法是用50℃温水溶化硫化碱，加适当硫化染料调成色浆1分、水20分，调制成染色液后，浸染织物20min，取出，水洗后脱蜡。

4. 蜡染工艺操作步骤

① 设计。在织物上画线描稿。

② 封蜡。（用容器加热石蜡和蜂蜡，用刀或笔粘蜡刮画，涂在防染的图像上，蜡必须透过织物，保持一定厚度）。

③ 冰纹处理。用折叠、敲打、冰冻、捏皱等方法制造冰裂状的纹理效果。

④ 染色。按不同配方要求配制染液后将织物浸入其中，按规定时间后取出冲去浮色。

⑤ 脱蜡。染色后的织物用皂煮法或电熨斗脱蜡。

⑥ 脱蜡后用电熨斗熨平整。

第三节　服饰刺绣设计与工艺

刺绣是中国民俗艺术之一，具有四千年悠久的历史，在史书《尚记》曾有"衣画裳绣"的记载，西汉刘向《说苑》一书也论及吴人刺绣应用于装饰美化。随着中原与西域的"丝绸之路"的经贸往来,以及中国南方遍及各省的养蚕业的发展,促使刺绣艺术遍及中国各地城镇乡村。早期刺绣为中国南方和北方乡土艺术,现代发展为具有中华民族传统手工艺术品,如图6-9,成为具有市场经济前景的产业之一。刺绣艺术品《岭南锦绣》耗费10年精力制成长13.8m,宽1.2m的巨作,被拍出2000万元的高价。中国现代刺绣工艺品在对外贸易中也大有作为,其经济产值十分可观。

1. 近代刺绣艺术的地域分布及题材

全国各地刺绣已十分普及,早期作品多反映历史典故、戏剧故事、神话传说以及与风俗生活等题材作为民俗服饰用品的刺绣内容,如图6-10。而现代刺绣走出服饰范畴,而成为一种工艺美术作品,如图6-11。中国四大名绣介绍如下。

图6-9　早期民间刺绣

图6-10　民间戏曲刺绣《天仙配》

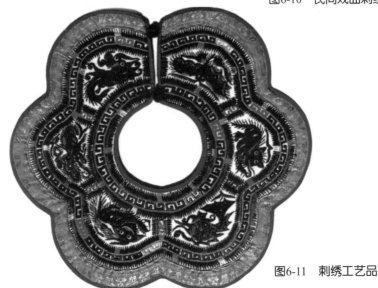

图6-11　刺绣工艺品

第六章　服装艺术设计与工艺

（1）苏绣　苏州刺绣以针为笔，以线为色，在织物上作画。晕染自如，栩栩如生，针法细腻，多以花鸟、山水、人物、书法为主题。采用齐针、乱针、抢钟、接针、滚针、虚实针、散套针法，使刺绣作品达到平、光、齐、均、和顺细密的质感。

（2）粤绣　即广东刺绣，在北京故宫博物院藏品最多。用七种原色为线色，刺绣作品色彩富丽，其针法步骤均匀又有变化，有绘画的视觉效果。图像有鹤、猴、鹿、鸡、凤、孔雀等，作为刺绣题材分别寓意为长寿、封侯等吉祥之意。

（3）湘绣　湖南刺绣善用空白，突出主题强调具象的艺术形式，造型生动质朴。其丝线用皂荚仁溶液蒸煮，再裹起来揩拭，以防绒丝起毛，具有光亮丝细的效果，亦称之为"羊毛细绣"。多以狮、虎、松为著名，有水墨画韵味。

（4）蜀绣　也称"川绣"，四川成都为产地中心。采用掺针、铺针、晕针、盖针、戳针、滚针技法。针脚平整，掺色轻柔，虚实合度，变化丰富。多以被面、枕套、衣鞋、画屏作为主要刺绣日用艺术品。

2. 刺绣工艺

传统刺绣工艺多以棉、绸、缎纱、帛丝织品等为材料，因地域不同刺绣工艺各有差异，可分为京绣工艺、苗绣工艺、汉绣工艺、榕绣工艺，因工艺制作方式不同可分为手工刺绣工艺和机绣工艺，或绒绣、剪绣、抽绣、刺绣等。常见的刺绣工艺有如下几种。

（1）绒绣　一般用丝、绸、缎质材料，以平绣针法用丝绒绣出平面的图像，色彩秀丽，富有装饰效果，一般作为挂屏艺术品，如图6-12。

（2）钉金绣和金绒混合绣　钉金绣又称金银绣。采用金银线为主，绒线为辅的称为金绒混合绣。钉金绣的针技法较为复杂，有过桥、踏针、捞花瓣、垫地、凹针、累钩绣等60多种针法。钉金绣采用垫、绣、贴、拼、缀等技术处理后，可以产生类似浮雕的艺术效果，而受到室内装饰市场的欢迎，也是一项有经济产业前景的工艺品，如图6-13。

（3）线绣　是指丝线平面绣制的艺术品。中国清代政府于1910年举办全国比赛，潮绣作品《海龙王头》等许多作品一展风采。随后，中国刺绣作品在巴拿马国际博览会和伦敦参加展出，为世界所注目。线绣的传统针法有近百余种，以针法严谨，针脚平齐，构图简练，色彩明快为特点。蜀绣的线绣较为出众，花鸟鱼虫，人物山水，均可入绣，绣工十分精细，如图6-14。

刺绣艺术实为针线作画，反映了时代的文化与风俗，具有实用价值和艺术价值。现代刺绣艺术因社会经济起伏而导致短暂的兴衰，但始终有蓬勃的生命力。

[本章小结]

服饰是任何时代都不可缺少的设计艺术，当代服饰设计是中国外贸经济中最具活力，具有前景的产业，需要有高素质的设计人才。染织图案设计、蜡染设计、刺绣设计等均可作为单独产业项目，设计可以创造市场经济。

图6-12　绒绣

图6-13　钉金银绣

图6-14　线绣

练习题

6-1. 用卡通动物形象为单形设计，作印染图案设计作业1～2幅。

6-2. 运用蜡染方式设计并制作壁挂一幅或女式衣裙。

6-3. 设计一幅有色或无色服装上的刺绣装饰图像。

6-4. 依本章知识，作其他设计。

第七章
产品造型设计与工艺

装饰艺术设计在产品造型设计中的应用越来越广泛，已经从"要不要装饰"转移到"如何去装饰"的层面。产品设计是一个创造性的思维过程，通过对思维的解构、同构、重构，再经过一系列的加工制造过程，最终形成对人类物质生活或审美情趣有积极意义的物理形态。产品设计有效的调节人与自然的关系，为人类与自然的协调发展提供必要的工具条件。产品设计包括机械产品、电子产品、日用品、家具产品设计等。

本章仅对3C产品、旅游工艺品、家具制作、玩具制作工艺做简单介绍。

第一节　3C产品的外形设计与工艺

一、3C产品简介

"3C产品"，是计算机（Computer）、通信（Communication）和消费类电子产品（Consumer Electronics）三者的简称，又称"信息家电"。3C产品往往是市面上比较流行的产品，引领行业发展的潮流。3C产品包括电脑、手机、电视、数码影音产品及其相关产业产品，如图7-1。

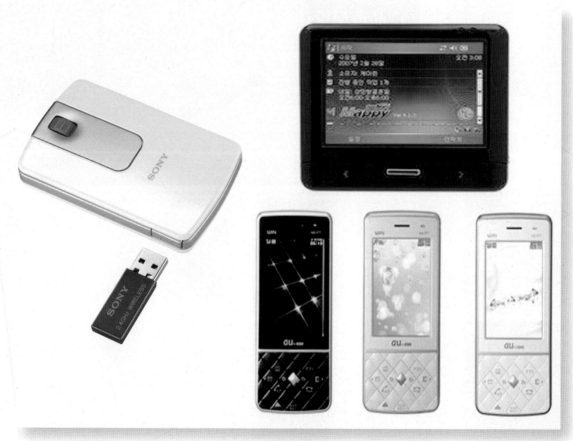

图7-1　3C类产品

二、3C产品的设计流程和外观工艺

1. 设计流程

设计分析→市场调研→2D设计阶段→3D设计阶段→结构设计→开模→项目归档

2. 外观制作工艺

亚克力切割、丝网印刷、电铸模、电镀件、注塑喷涂、模具咬花、金属拉丝、镭雕、字符移印等工艺。如图7-2、图7-3。

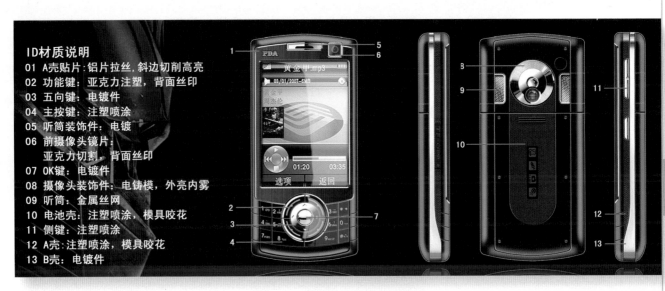

图7-2　ps制作的二维手机效果图

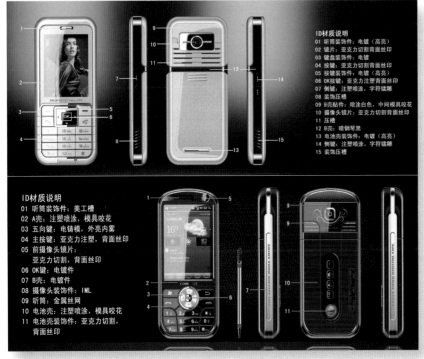

图7-3　ps制作的二维手机效果图

3. 几种工艺简介

① 塑料切割：PMMA（俗称有机玻璃），是一种开发较早的重要热塑性塑料，具有较好的透明性、化学稳定性和耐候性，易染色，易加工，外观优美，在建筑业中有着广泛的应用。亚克力切割，比较好的切割方式是激光雕刻机切割，木工机械里面开料用的锯片机也可以切割，但是只能切割规则的形状。也可以用CNC(数控机床)切割，这种切割方式任何形状都可以完成，但是成本高。

② 丝网印刷：丝网印刷属于孔版印刷，它与平印、凸印、凹印一起被称为四大印刷方法。孔版印刷包括誊写版、镂孔花版、喷花和丝网印刷等。孔版印刷的原理是：印版在印刷时，通过一定的压力使油墨通过孔版的孔眼转移到承印物上，形成图像或文字。

③ 电铸模：电铸模工艺是以母模为阳模，用电化学的方法来制作阴模，母模的造型和纹样就是以后产品的造型与纹样。母模是电铸模具的基础，制作时必须根据产品设计的要求，保证其具有较高的尺寸精度和表面光洁度。粗糙的母模电铸得到的模具也是粗糙的。

④ 金属拉丝：金属表面拉丝可以很好的掩盖生产中的机械纹和合模缺陷，最简单的拉丝就是在一块面板上用砂带机打出直丝，再做固定处理(氧化,钝化,镀膜或者喷涂)。金属拉丝有金拉丝、银拉丝、雪花砂、喷砂表面，能将金、银色等在其他板材类难于表现的重金属感得以充分体现。 金、银拉丝主要采用的金属材质可分为铝、铜与不锈钢三大类，以其原金属形态的质感，光泽与特性，加以雾面、镜面、立体的、浮雕的和特殊的木皮金属镂空面等进行各种不同表面处理。可以制造出丰富的效果。

⑤ 模具咬花：又称模具蚀纹。在产品装饰中，使产品更加美观，高雅。克服了印字，喷漆易磨掉的缺点，可以隐蔽产品表面在成型过程中产生的瑕疵，使产品外观美观，迎合视觉的需要，还可以起到防滑、防转、防止光线反射、消除眼部疲劳等作用。模具蚀纹是经过化学药水作用，在不同金属制品的表面造成各类图案，例如：沙纹、条纹、图像、木纹、皮纹及绸缎图案等。不同的技术流程可制作出不同的纹路风格。

⑥ 镭雕：镭雕是指激光雕刻，是通过激光束的光能导致表层物质的化学物理变化而刻出痕迹，或者是通过光能烧掉部分物质，显出所需刻蚀的图形、文字；按照雕刻方式不同可以分为点阵雕刻和矢量切割。手机和电子词典的按键上用的很多，例如要制作一个上面带有红色字符的手机按键，则先喷油，再喷上相应的红色，但注意不能喷到别的键上，最后再整体喷一层白色，这样就是一整块白键盘了，红色被包在下面。此时就可以进行激光雕刻了，利用菲林雕掉上面的白色，这样就形成了带有红色字符的按键。

第二节　旅游工艺品设计与制作

旅游工艺品是指旅游购物的所有美术工艺品，它是中国传统艺术文化的传承。装饰艺术在旅游工艺品中的运用十分广泛。旅游工艺品包括特种工艺品、民间工艺品、仿古工艺品和现代工艺品。如水晶和玉石器件、竹制品、木雕制品、陶器、瓷器等。本节以木雕工艺品为例来做详细介绍。

木雕工艺是以雕刻材料分类的民间美术品种。一般选用质地细密柔韧，不易变形的树种如椴木、桦木、楠木、樟木、柏木、银杏、沉香、红木、龙眼等木料上进行的雕刻，通常也指用木料雕刻成的雕刻工艺品。

1. 木雕的类别

木雕按地域归纳起来有六大类别，即

① 中原木雕；

② 乐清黄杨木雕；

③ 福建龙眼木雕；

④ 广东金漆木雕；

⑤ 浙江东阳木雕；

⑥ 云南剑川木雕。

2．木雕工艺的种类

木雕工艺品深受人们的钟爱，是极具收藏价值的艺术品。在中国艺术史上占有重要地位。它的种类很多，分类方法也不统一，木雕可以分为工艺木雕和艺术木雕两大类。

（1）工艺木雕　工艺木雕有观赏性和实用性两种。观赏性是指陈列、摆设在桌台、几、案、架之上的供人观赏的艺术品。实用性是指利用木雕工艺装饰的、实用与艺术相结合的艺术品，如首饰盒、笔筒、笔架、家具雕刻等，如图7-4、图7-5。

图7-4　工艺木雕

图7-5　工艺木雕

（2）艺术木雕　艺术木雕是艺术家感性思维与理性思维相互融合的产物，他们充分利用原材料自身的特点，加以巧妙的人工设计，形成浑然天成的艺术品，通常这些作品具有很高的艺术观赏价值和收藏价值。例如根雕就是采用自然形态的树根雕刻并稍做人工修饰的艺术品。它巧妙地利用树根的自然形态及畸变形态，经过巧妙的构思，立意，加工制作出各种形象的艺术品。根雕艺术是发现自然美而又创造自然美的造型艺术，所谓"三分人工，七分天成。"如图7-6、图7-7。

图7-6　根雕

图7-7　根雕

3. 根雕工艺品创作步骤

根雕工艺品创作过程主要分为以下几个步骤。

① 选材：根的选材主要是从根的材质和形态两方面着手。材质是指根的品种及坚硬程度，一般地说根材要选坚硬一些的，过于腐烂松软的根没有太大的创作价值。根的形态方面主要指根材要能体现出根的特色，如枯板根等；而且要选一些形态比较复杂的根材，这样才能找出更多的命题。

② 构思：根艺创作具有一定的独特性。他的创作必须尊重根的自然形态，发掘它的自然美，尽量不要人为的破坏它的自然形态，在此基础上再发挥自己的想象力，找到最能体现这件根材自然美的立意。

③ 加工：构思明确后，就可以把一些不需要的枝杈剪掉或锯掉，然后再去掉树皮，用砂纸把根材打磨光滑。注意，要把锯口打磨光滑。

④ 着色上漆：根雕作品通过着色上漆不仅有利于防腐、防尘、防虫蛀，更能强化其艺术效果。现在比较流行的上色方法有两种：一是本色，所谓本色即指直接上蜡还其原色，这样的颜色清新淡雅，且不会遮盖根的天然纹路，淳朴自然，更显根的自然美；二是古铜色，其色彩近于红木的颜色，这是一种仿古色，更能突出根艺古朴的特点。

第三节　家具设计与制作工艺

　　家具装饰设计日益丰富了人们的日常生活，满足家具设计的关键是不断创新家具日用产品，使之不断地更新换代，把科技与美感结合在一起，进行家具用品设计。

一、家具灯饰设计与工艺

1．灯饰的基本分类

水晶灯，云石灯 树脂灯，LED灯，布罩灯，户外灯，竹艺藤艺灯等。如图7-8、图7-9。

2．水晶灯的灯饰结构

（1）整体结构

① 吊钟作用：装饰，遮掩挂板，电源线，不受力。

② 吊管作用：主要受力部位，穿电源线。

③ 吊链作用：主要受力部件，调节整灯高度。

④ 灯架作用：起到挂水晶装饰件，局部受力。

（2）灯架结构

① 主要以五金材料经电镀着色为主。

② 灯头一般为E14灯头或E27节能灯头。

③ 电源线有二芯、三芯线（地线）。

图7-8　水晶灯-吊灯

图7-9　水晶灯-台灯

3. 水晶灯的制作工艺

（1）风焊　在水晶灯上有许多地方除了用螺丝锁之外是用风焊焊接的。焊接是一门技能，对劳动者的技术要求很高，不同的五金配件需要固定在一起，大部分都是用风焊。好的焊接是焊疤小，焊接处外形美观流畅，没有气孔。如果焊疤大，说明技术低，严重的可能裂开，如果是一个圆环，那么在电镀后不能判断出焊接处是最为理想状态，水晶灯的圆环是用一条较粗的铁丝弯成圈再焊接的。

（2）抛光　抛光（也叫打磨），一般针对材料的粗糙程度和工件的质量要求来选择打磨用砂和打磨步骤。如果太粗糙的材料应该杜绝在原材料入库之前，因为金属材料的表面如果损伤或凹凸严重，抛光也将无能为力。抛光的作用是让平整的金属表面变成细致的光亮，使得电镀的效果更好，也是电镀前的一个必要步骤。

（3）电镀　电镀比抛光工艺复杂。电镀分为不同种类的镀种，对于水晶灯来说，国内有金、银两种颜色。银分普通银和优质银，其电镀化学方法不一样，当然质量也有区别，从色泽来讲，越白越亮当然就越好。金色分很多种金，即使颜色相近的金也分十几种，分24K、打底24K、18K、仿24K金、电泳金、代金类。

二、中国民间家具制作与工艺

中国古代最广泛的使用家具是从1000多年前的唐代开始，到五代又进一步发展。进入宋代时，家具无论从种类、造型、制作及材料方面都已进一步地完善并形成了质朴、简洁的特色。明代家具是中国古代家具的代表，从选料、工艺、功能到装饰艺术等方面都达到了历史最高水平，至今声誉不衰，博得人们的高度赞赏，如图7-10、图7-11。其制作工艺简单介绍如下。

图7-10　床榻

图7-11　案几

1. 开料

根据图纸和不同木材的纹理样式，将选出的木材开成不同规格、不同尺寸，合乎要求的材料。要避开窟窿和空洞的地方，避开白皮，尽量多出好料。

2. 木材的干燥

新鲜的木料含有大量水分，开料后不能立即使用，需经过强制干燥，让木材本身的含水率接近使用地的木材年平均含水量，木材经过干燥后可以稳定材质结构，提高强度，防止腐朽。木材干燥分为自然干燥和人工干燥两个步骤。干燥后，需要对干燥程度进行验收。一是听声音，若声音非常清脆，说明已达到干燥标准；二是目测，工作人员可凭借自己的工作经验检测木材的干燥程度，通常每种木材的干燥标准都不尽相同；三是看水分仪表，可以完全人为地让机器来控制木材所需的干燥度。

3. 下料

下料的关键是配料，要根据图纸要求，在符合图纸尺寸的前提下，根据加工尺寸进行下料，有些木材十分昂贵，所以要做到精打细算。木材上的花纹要合理，花纹排列要有序，颜色要大体一致。尤其是成对的产品，如大柜、椅子等，花纹要对称，这样做出来的家具才有可能成为上品。

4. 雕刻

一般的仿古家具，素面的很少，大多都会在它的望板、边框、牙板上雕刻出不同的图饰，如龙、凤、狮、山水、灵芝等。望板是指床、榻类家具中架子与腿连接的部位；边框也叫面边，是指心板周边外侧部位；心板是面板中间的面心部位；牙板是指柜类家具的最下边与腿连接的部位。

5. 贴样子

根据各种望板、侧花板及牙子的尺寸画好图纸，图纸也称为样子。然后将样子用乳胶粘在板上。粘贴时，要用手将表面抚平，并放置一旁晾干。

6. 起底或镂空

在贴好样子后，根据样子上的尺寸、图形，将多余的部分进行剔除，即起底或镂空。镂空时，先将材料用卡子固定在工作台上，如果样子上有的地方比较模糊，则还需用铅笔再描绘一下，使之清晰，防止镂空时出现误差。镂空时，力度的把握很关键，不能过深，也不能太浅，总之要做到恰到好处、游刃有余。

7. 凿活

经过起底或镂空后，花板上基本出现了花纹的雏形，但花纹都是直的，且比较粗糙，这就需要对这些花纹继续进行雕琢，雕工师傅们通过使用圆弧形的凿子把多余部分凿掉，将图案的大概形象凿出来，叫做凿活。凿活是需要要灵气和悟性的，不同的人使用不同的手法，同一种图案同一块花板，就可能出现不同的效果。

8. 铲活

经过雕工师傅们凿活以后，花板上基本出现了花纹的模样，但仍然粗糙，这就需要铲。平面形铲刀适宜于修整平面，圆弧形铲刀适宜于勾勒曲线造型。若遇到面积较大的底子，就需要用不同型号的刮板来刮平整。总之，要做到该圆的圆，该平的平，该方的方，该露底的露底，到铲活这一步，花纹基本上就定型了。

9. 细活

花板在铲完以后，有一些细小的地方如树叶、水纹、狮子毛、人物的开脸，这些都是画龙点睛之笔，需要进一步完善、美化。这就要求具备更高超的手艺，业内称之为细活，做细活时，主要使用各种型号的三角刀来操作。细活完成之后，图案的精气神就完全凸显出来了，达到了栩栩如生的地步。

第七章 产品造型设计与工艺

10. 组装

根据图纸要求在制作榫头和卯眼时要绝对准确,不能差之毫厘。扣合要严密,间不容发,要有"天衣无缝"之感,榫卯接合要讲究交圈,不同构件之间的线脚和平面浑然相接,以取得完整统一的效果,使之左右逢源,上下贯穿。

11. 刮活

在家具组装完成后,进入刮活车间,对大的平面要刮平,棱角该圆的要圆,内外表面要一致,用手摸,不能有毛刺,不能有凹凸不平之感,有缺陷的地方要填平补齐,磨好,不留死角。

12. 打磨

用砂纸一点一点地打磨,将其所有刀痕、飞边、立茬打磨干净,这需要一个很长的过程,要一丝不苟地去完成,在打磨过程中,有缺陷的地方仍要进行补齐。经过这一系列打磨以后,手感要细腻、柔和,表面光洁如镜。

13. 上油

最后一道工序是上油,一般都薄薄上一层核桃油,来封住红木的鬃眼,使其免得过分伸缩,且保持红木的鲜艳色彩。最后薄薄地擦上一层高级地板蜡或者蜂蜡。

三、现代整体橱柜测量设计

1. 现代橱柜的测量

基本测量方法如下:

① 在坐标方格纸上绘制厨房的俯视图;

② 记录每面墙的尺寸;

③ 记录墙体到门和窗的尺寸,同时记录门和窗自身的尺寸;

④ 测量厨房地面到屋顶的高度;

⑤ 在俯视图中标出水盆、上下水管、煤气管道、煤气表、电源、开关等位置;

⑥ 测量客户所配备设备尺寸,如:排烟机、煤气灶、水盆、微波炉、洗碗机等。

2. 设计方法

将绘制得到的技术尺寸带回公司,构思并规划设计出正规图纸及报价。通常专业化橱柜生产企业运用专业的电脑设计软件进行精确、精细的设计,同时生成报价。计算机辅助设计(CAD)技术将造型设计,工艺设计，材料配套，投标方案一气呵成。缩短设计周期及降低设计成本，目前市面上设计绘图软件有：AutoCAD，3DMAX或二次开发的板式家具CAD专门设计软件，如广东的方圆、中望等，国外的2020橱柜设计软件。如图7-12、图7-13。

图7-12　欧式现代整体橱柜——不规则造型

图7-13　欧式现代整体橱柜

第四节　玩具分类与工艺

一、玩具的分类

1. 按教育功能分

① 社会性玩具：例如布娃娃，动物毛绒玩具，仿成人劳动玩具等，如图7-14、图7-15。

② 认识性玩具：例如各类棋，拼图等能启发孩子智慧，提高孩子智力的玩具，如图7-16。

图7-14　毛线玩具

图7-15　仿成人劳动玩具

图7-16　国际象棋

③ 活动性玩具：例如木马，儿童自行车，秋千，儿童篮球架等，如图7-17～图7-19。

④ 观察、探索的科学性玩具：例如万花筒，风车，陀螺等，如图7-20、图7-21。

⑤ 听、说、阅读的语言类玩具：例如听音旋转盘，卡片，儿童学习机等，如图7-22、图7-23。

图7-17　木马

图7-18　儿童自行车

图7-19　儿童篮球架

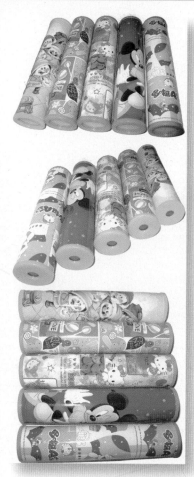

图7-20 万花筒

图7-21 陀螺

鲜艳的色彩，精美的印刷，图文并茂

盒装，更方便收纳

图7-22 识字卡片

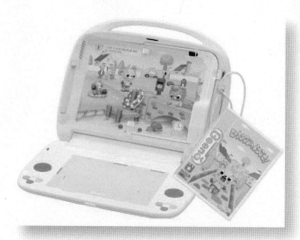

图7-23 儿童学习机

2. 按品种分

积木、拼图、遥控、模型、婴童、电动、变形、公仔、彩泥等，如图7-24。

图7-24　有趣的公仔形象

第七章 产品造型设计与工艺

二、布毛绒玩具制作工艺

1. 毛绒玩具的概念

毛绒玩具是玩具的一种，它是以毛绒面料及其他纺织材料为主要面料，内部填塞各种填充物而制成的玩具，英文名为（plush toy），也可以称为软性玩具（soft toy）、填充玩具（stuffed toy）中国的广东及港澳地区称为"毛绒公仔"。目前人们习惯性的把布绒玩具业称为毛绒玩具，如图7-25。

图7-25　长脚毛线玩具

2. 毛绒玩具的特点

毛绒玩具具有造型逼真可爱、触感柔软、不怕挤压、方便清洗、装饰性强、安全性高、适用人群广泛等特点。因此毛绒玩具用于小孩子的玩具、装饰房屋及作为礼物送人都是很好的选择。

3. 布毛绒玩具的材料

毛绒玩具的用料可分为面料、填充料、眼鼻和不可拆卸小零件等。其中面料主要的有长毛绒、T/C布、针织布、毛巾布、珊瑚绒、富贵绒、麒麟绒、化纤薄绒、复合绒、摇粒绒、锦氨纶和莱卡类的弹性薄料等。填充料主要有腈纶纤维（腈纶棉）、塑料粒子（PE\PP）、eps发泡粒子（泡沫粒子）、还有各种带功能性的如竹炭、玫瑰花瓣等。眼鼻和不可拆卸小零件主要有艺眼、艺鼻、卡通眼、关节、钥匙圈、铃铛、吸盘、服装、丝带、纽扣、拉链等。

4. 布毛绒玩具的生产流程

外形设计→剪裁→缝纫→装配→填充→整形→包装

5. 毛绒玩具的标准

各国都有自己的玩具安全标准，其中主要的国际标准是ISO8124《玩具安全标准》、美国的ASTMF963《玩具安全》、欧盟制定的EN71《玩具安全》、中国的标准GB 6675—2003《国家玩具安全技术规范》等。

[本章小结]

　　产品造型设计是一门综合性的学科。要求设计者不仅要有扎实的科学理论基础，还要有一定的艺术审美能力，再加之多门学科知识的综合运用，才能得到优秀的设计作品。可以说中国的经济发展，不能缺少产品设计。

练习题

7-1. 为某旅游景点设计并制作一件旅游工艺品。要求书写不少于150字的设计说明。

7-2. 根据你所喜欢的动画片，任选其中一角色进行装饰公仔设计，即在原有角色形象的基础上对其外表加以装饰、修改使其成为一个新的形象。

第七章　产品造型设计与工艺

DECORATION DESIGN

8

第八章
装饰艺术创意思维与设计师

人类的文明史离不开设计创造，现代设计师并非只是消费潮流的追随者，而应关注着人与社会，与生存环境的和谐发展。现代科技更注重人性化需求，从而使现代设计具有两重性，正如著名科学家李政道所言"科学与艺术是一个硬币的两面"，科学揭示宇宙奥秘，而艺术揭示精神世界。装饰艺术设计师，必须是一个开拓者，是脱离了手工艺观念的现代智慧者，既具有社会对文化导向性，又综合了科技与艺术高层次的设计人才，是对社会某一领域中的发展产生的推动。

一、装饰艺术设计与创意思维

设计即为创造，设计思维是创造性思维，即创意思维。它是多种思维方式和能力的综合运用，它集多学科的综合，交叉，从对无形世界的构想，到实现有形世界，再扩展到无形世界，这种创造力的培养，是一个设计师必备的素质。装饰艺术设计依赖于创新思维，也是艺术设计的必修课程。

创意图像是运用创意构想与视觉形式的完美契合，把创造性的思维运用到艺术设计创造之中，使一般绘画的造型转向专业的设计，是教与学的共同目标。它需要从灵活、宽阔的视角，展开创造性思维，来获取最佳的视觉传达效果，因而必须融基础性知识、综合性知识、专业性知识为一体，通过创意图像的训练，达到装饰艺术设计的专业能力。

1. 创意思维的方式

不同思维方式的创意会获取不同创造性的图像，装饰设计者要在广度、深度上获得多种的能力创作，必须用创意思维来代替人的定势思维模式，获得灵活多变的设计思维。

（1）发散思维　是辐射式思维，是异想天开地从不同思考方向衍生出多种构想。如联想、直觉、灵感、反常规想像，是非逻辑性的求异思维。有2种方式，第一种是多元发散，即由1个点寻找多种想像，例如，用形态作发散思维，点→芝麻形→豆子形→水滴表→眼睛形→星星形；线→蜘蛛网→柳树枝→渔网→雨；面→木板→水面→路面→课桌→书；体→豆腐块→盒子→电脑→房子→客车；第二种是换元发散即改变事物的质或量的其中一个因素，产生新的形态。如汽车→船→水陆两用车；气球→竹篮→热气球；椅子→推车→轮椅，可见求异换元可以产生新的形态。

（2）收敛思维　有目标的集中汇合聚焦点，使各种方案有序地逻辑性求同，并指向最佳方案。例如，用形态作收敛思维，先用发散思维画出9个相关连的"意"或"形"的事物，然后用收敛思维完成第10个事物与第一个事物的吻合，例如，黑熊→绒球→猫→老鼠→田→水稻→饭菜→筷子→竹子→熊猫。

（3）反向思维　是以常规思维的对立性思维角度获取意想不到的创意。例如，采用变异形态把因果、真假、结构、正反，进行颠倒，可能出现人头马、骆驼象等非常态的图形形态。

2. 形态创意设计

运用创意思维进行图像形态设计，是运用思维规律，强化图像形态重构，对提高艺术设计能力，有重要的作用。举例如下。

（1）联想系列　相似联想：斑马纹理→商品条形码；对比联想：红花→绿叶；因果联想：渴→水；奇异联想：飞人。

（2）类比系列　拟人创意多用动物拟人形象——唐老鸭，而幻想创意多为超越现实主义的构思设计，如青铜器中人面兽纹。

（3）同构系列　用事物之间相近似结构形态，创意重构新的形态。例如，中国太极图图形创意思维是运用视觉而进行创造性思维的过程，实质是以"形"拓展非常规的"意"，如果一旦改变定势思维的角度和方法，则"形"的重构将展示全新的形态和涵义，因此艺术形态的创意将产生与众不同的设计风格和审美价值。

3. 形态创意构成的形式

形态创意构成的形式有多种，如共生形态、正负形态、置换形态、悖理形态、矛盾形态、逆透视形态、双关形态、散集形态、增殖形态、异构形态、文字形态等，如图8-1～图8-8。其特征是以反常规的求异性思维为设计理念，运用逻辑性与非逻辑性思维进行形态的建构。正如现代主义艺术大师毕加索所言"没有梦，我们什么也没有"。总结创意形态的设计，有以下的基本特征。

（1）独特性形态　即用求异思维、反向思维建构的形态，其与众不同独具特异性，有强烈的视觉冲击力。

（2）多元性形态　即运用发散思维建构的形态，具备多重性或同构异形，属于意象艺术形式的寓意性。

（3）跨越性形态　即运用换元思维、联想思维中纵向与横向灵感思维，建构似是而非的形态，而产生新的视觉意义。

（4）综合性形态　即用思维的交叉，一种模糊思维的未知不定概念和潜意识活动获得亦此亦彼的设计，形成多维空间形态。

毕加索的梦，正是人类对创意的形态不断探索，也是对形式美感的新的建构。

图8-1　共生形态

图8-2　置换形态

图8-3　正负形态

图8-4 反向形态

图8-5 联想思维（幻想）

图8-6　矛盾形态

图8-7　散集形态

图8-8　异构形态

第八章　装饰艺术创意思维与设计师

二、装饰艺术设计师

装饰艺术设计人才应具备多学科知识与技能，要解决前所未有的新的艺术设计，必须具备创新思维的基本条件。玛丽·享纳尔认为应包括以下6个方面。

①要有感受性，即一种超然的热忱和主观上的专心致志的能力。

②思维流畅。

③有灵活性，即开拓性的多方向思维能力。

④有独创性，指设计中不落俗套的联想能力。

⑤有为事物重新定义，对事物创新的探索能力。

⑥精益求精，能运用多种技能建构更复杂的事物的能力。

以上六个条件对培养设计师自身创新能力，提供了有益的启示。然而，对装饰艺术设计师来说，个人的知识结构还应该包括以下几点。

①专业理论基础知识，如艺术史、设计原理与方法论。

②专业设计能力技术，装饰艺术设计学科是一个多学科的综合，应具备形态设计、色彩设计、电脑艺术设计和个人主要专业的设计能力，并强化专业技能的实践。为适用于经济社会的需要，设计师还必须懂得市场经济法营销学、心理学等学科知识，设计师所涉及的领域是广阔的，应该不断地用新的知识来更新自己的库存量，才能适应社会的发展和需求。

③社会职责感，设计师不是一种"自我表现"的职业，而是为社会需要而不断创造的职业，是为人类的生存条件和利益而进行的设计。

[本章小结]

创意思维关系到艺术设计的多元化，装饰艺术形态是创意思维的"物化"。设计师应具备完整的知识结构和良好的创意思维能力，才能肩负为人类的生存利益而设计的重任。

练习题

8-1. 创意思维的类形有哪些?

8-2. 设计的一般程序有哪些?

DECORATION DESIGN

第九章
中外装饰艺术设计作品鉴赏与讨论课题

在绘画艺术与设计艺术之间，装饰美学价值总是游离于二者之中，挥之不去。而在各个不同历史时期，装饰艺术涉及到各种不同领域，可谓生机勃勃，五彩缤纷。

在多学科相互影响、相互交叉中，装饰艺术设计不断涌现新型的设计科目，它们既有共同的艺术规律，又有不同的专业指向。掌握不同领域的装饰艺术设计与应用知识，形成跨学科综合性的知识结构，有助于培养复合型的艺术设计人才，以满足当代社会经济产业的需求。

装饰艺术设计作品鉴赏是将不同领域的装饰艺术设计科目的作品，作为示范性教学分析，同时把作品鉴赏而引发的讨论课题也一一列举出来，以加深对装饰艺术教学的广度、深度的理解和借鉴学习。

一、壁画艺术

壁画属于环境艺术设计领域，古埃及浮雕或壁画具有强烈的装饰美感，一般在浮雕凹凸面上绘制色彩或直接在墙面上绘制。而现代壁画的材料与艺术语言也呈现出多元化的发展势态，有漆艺壁画、纤维壁挂、镶嵌壁画、装置艺术、玻璃壁画等等。现代壁画在环境艺术设计中不仅提升了建筑艺术的层面，同时，也是人居环境的审美需求，随着城市化的进展和社会物质文化的发展，壁画艺术将有宽阔的前景。

[作品分析]

（1）《马球图》 选自西安美院专家的《丝路风情》壁画，是反映古丝绸之路的中外经贸交流为主题的壁画。

讨论课题：

请分析人物造型的特征并对色彩技法进行研讨。

（2）《纽约59街地铁壁画》 运用马赛克镶嵌壁画技术，以几何形和具象形作为造型，追求色彩单纯性，强化了视觉的冲击力。

讨论课题：

分析超现实主义米罗作品的理念与此镶嵌壁画的设计风格的联合。

（3）《越南漆壁画》 越南漆壁画对中国漆画艺术产生过影响，漆壁画是中国沿海发达地区室内装饰艺术的应用性项目。

讨论课题：

漆艺壁画的构图特征是什么？

古埃及壁画（浮雕式）

古埃及壁画（绘画式）

加拿大地铁壁饰

马球图

第九章 中外装饰艺术设计作品鉴赏与讨论课题

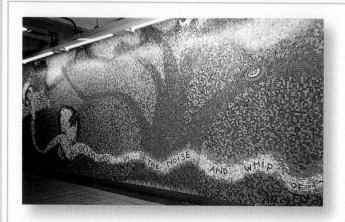

纽约59街地铁壁画

飘逝的云　郑频

圣路易斯轻轨

第九章　中外装饰艺术设计作品鉴赏与讨论课题

室内壁画

现代壁挂艺术之一

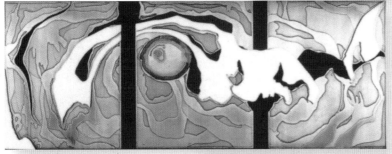

现代壁挂艺术之二

越南漆壁画

二、现代雕塑

现代雕塑艺术材料有金、木、石、玻璃钢等,与传统具象写实雕塑不同的是,利用不同材料自身的特征作为艺术语言和表现形式,使现代雕塑具有更深的内涵和美学价值。

[作品分析]

(1)《丹凤翔飞》 运用可塑性材料,以意象的曲线造型作为"丹凤翔飞"的形式美感。

讨论课题:

① 该作品的造型运用哪些形状作为设计元素?

② 请设计第二方案,并用线描方式画出草图。

(2)《门栏》 此作品用线面结合的构成形式为造型,而木质材料有古朴之美,使作品既有现代感又具返朴归真的审美情趣。

讨论课题:

如何理解现代艺术与原始艺术的关系?

(3)《中国壁雕》 采用壁雕的方式作为城市建筑墙面的艺术处理,材料有石材、金属、玻璃钢等,壁雕艺术具有典型的装饰艺术风格。

讨论课题:

请分析此装饰壁雕的造型特征。

《被毁的城市》(俄国)

大地的摄理(韩国)

丹凤翔飞　张昌

石向东作品

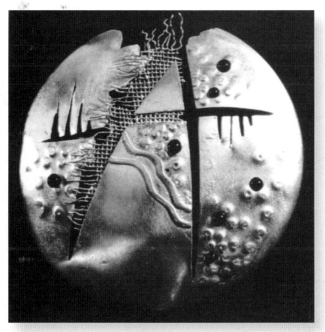

金属雕塑

卡特森作品

门栏　何镇海

对话 张宏艺

美国现代公共艺术之一

美国现代公共艺术之二

美国现代公共艺术之三

战争与居民　石向东

拥抱大陆（美国）

中国壁雕

三、服饰艺术

中国传统刺绣艺术、蜡染、服饰以及现代时装艺术设计均有较强的装饰美学价值，可见装饰在传统与现代中是一个永恒的赞歌。

[作品分析]

（1）《帽尾》 属刺绣作品，主题取自戏曲题材《刘海戏金钱》，作品五彩缤纷。

讨论课题：

在此作品中运用了哪些色相作为装饰色彩处理？

（2）《现代服饰之一》 用不同材质之美，形成不同的视觉对比，由平凡而产生了不同凡响的设计。

讨论课题：

分析现代服装艺术中有哪些不同材质的美感设计。

耳套（凤仪亭）

钱包（天仙配）

帽尾（刘海戏金钱）

蜡染 党洁

童帽（西厢记）

肚兜（西游记）

现代服饰之一

现代服饰之二

现代服饰之三

蜡染　肖寒

蜡染　张艳玲

蜡染　刘赞团

四、现代景观标识艺术

现代景观艺术是环境艺术中一项前沿性的装饰艺术设计，也是一项综合材料的装饰艺术形式，有着广阔的应用前景。以下为欧洲国家景观标识装置艺术，反映了西方的现代审美理念和艺术设计风格，有一定的借鉴价值。

[作品分析]

（1）景观标识艺术之四、十一、十三此三项标识艺术　表现形式是以卡通形象为造型设计，可用于商务标识艺术或导向性标识艺术。

讨论课题：

卡通标识艺术设计的目标性与特征性是什么？

（2）景观标识艺术八、九、十四在景观标识艺术中，现代电光科技具有重要的地位，装饰艺术的界定已经不再受传统概念的束缚，科技与艺术的结合，使景观标识装饰艺术更具有创新意义，并具有前沿性和应用性。

讨论课题：

分析景观标识艺术的应用领域。

现代景观标识之一

现代景观标识之二

现代景观标识之三

现代景观标识之四

现代景观标识之五

现代景观标识之六

现代景观标识之七

第九章 中外装饰艺术设计作品鉴赏与讨论课题

现代景观标识之八

现代景观标识之九

现代景观标识之十

现代景观标识之十一

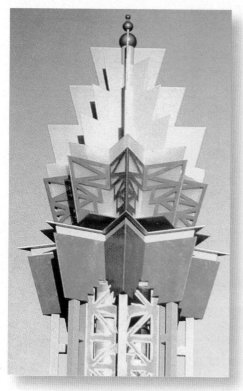

现代景观标识之十二

现代景观标识之十三

现代景观标识之十四

五、中国民间艺术

中国民间艺术的装饰形式，是现代艺术设计中经常借鉴运用的表现形式。民间艺术有深厚的文化，沉积了千百年人类美学观念，是对中国民间艺术的继承与创新，是现代艺术设计中的重要课题。

[作品分析]

彩绘泥塑及布艺作品：彩绘泥塑作品运用夸张的手法把具象艺术与抽象艺术语言相互交融，中国民间的意象形式造型，是表述人类某种意愿和理念的方式之一。

讨论课题：

分析中国民间造型中寓意性图像与现代创意图形的同异特征。

建筑木雕

剪纸之一

剪纸之二

剪纸之三

门神之一

门神之二

门神之三

门神之四

彩绘泥塑面具

面具（文官）

面具（武官）

皮影

第九章 中外装饰艺术设计作品鉴赏与讨论课题

彩绘泥塑之一

彩绘泥塑之二

彩绘泥塑之三

民间布艺之一

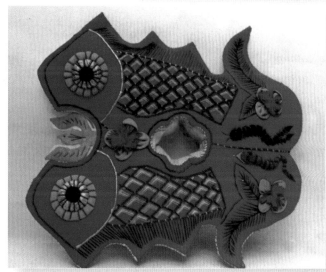

民间布艺之二

民间布艺之三

六、中国漆艺

中国古老的漆艺有数千年的历史，漆艺虽有兴有衰，然而现代漆艺的语言和艺术形式仍在不断创新。从二维平面漆画艺术到三维立体的漆工艺品，无不闪耀着变幻莫测的色彩，而令人回味无穷。可见艺术语言贵在创新，创新才有艺术的生命和价值。

[作品分析]

（1）漆盒、漆画小品，漆画作品之二 作品采用镶嵌贝壳或蛋壳的传统技术，产生不同材质美感。

（2）《漆画作品之四》《山和水》《渔舟飘至》 作品采用了漆艺的独特的技法，使"漆"的艺术语言表达的淋漓尽致，美不胜举。

讨论课题：

探讨传统漆艺中如何创新，产生新的艺术语言。

漆盒

漆画小品

日本漆艺

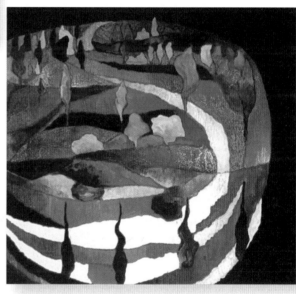

山和水　黄维中

脱胎漆

渔舟飘至　汤志义

第九章　中外装饰艺术设计作品鉴赏与讨论课题

漆画作品之一

漆画作品之二

漆画作品之三

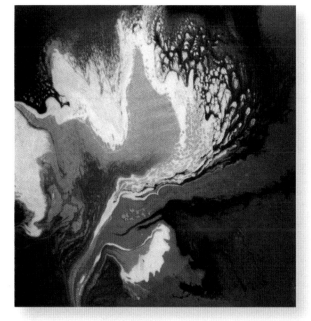

漆画作品之四　陈圣谋

漆画作品之五　苏凌

漆画作品之六　秋坚

七、包装与广告艺术

广告与包装总是不断追求形式美感，装饰艺术在这一领域中，具有最丰富的应用性，因而为设计师提供了广阔的天地。

[作品分析]

（1）现代包装之三、之八　包装形态与色彩设计应具有较强的形式美感，或强烈或华丽，应有与众不同的特色，共同特点是，具有视觉上的吸引力，是包装设计的要素之一。

讨论课题：

探索包装形态造型设计个性化。

（2）广告　广告创意是广告设计成败的关键，此四幅广告立意运用了创意图形，表达了不同的命题，视觉形式强烈，过目难忘。

讨论课题：

创意图形设计在广告构成元素中的形式美感。

装饰艺术贵在广阔的天地中不断的探索，不断的创新。

现代包装之一

现代包装之二

现代包装之三

现代包装之四

现代包装之五

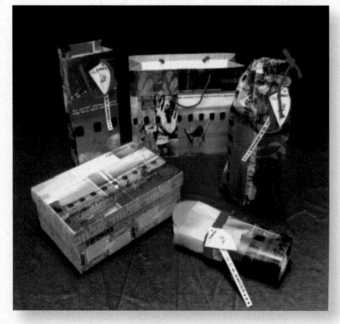

现代包装之六

现代包装之七

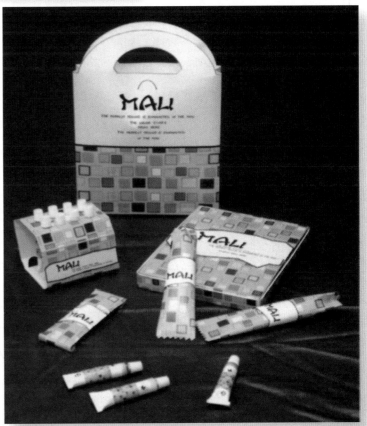

现代包装之八

毕加索创作的广告

爵士音乐会（冈特兰堡）

卡桑德拉创作的广告

碎片形的广告设计

后 记

为适合于普通高等院校对复合型、技能型、前沿性人才的培养，此书编写中，对基础理论知识以应用为目的，知识点以必需、够用为深度，并考虑到装饰艺术的系统性与实践性，将多个领域的专业知识朝"多元整合型"的课程观念上建构，突出对学生进行复合性职业能力的培养，以适应社会对用人规格综合性技能的需求。

一、教学参考资料

为了配合《装饰艺术设计》的教与学，特作出以下教学参考资料。

（一）《装饰艺术设计》教学示范作品

收集了《装饰艺术设计》中示范作品，以作为形象地展开装饰设计的各领域的不同风格和技法的作品欣赏分析有，①雕塑艺术；②景观标识艺术；③壁画艺术；④服饰艺术；⑤视觉传达设计艺术；⑥中国民间艺术；⑦漆艺。

（二）《装饰艺术设计》教学大纲

① 课程名称：装饰艺术设计。

② 学时：可采用约70上下课时，在一个学期内完成，本书具体课时安排仅作参考。

③ 选修课程：设计素描、设计色彩、三大构成。

④ 授课专业：艺术设计类、视觉传达、服装、环境艺术专业的公共基础课程。

⑤ 本课程的性质：装饰艺术设计是艺术设计类的应用部分，是理论与实践技能相结合的教学形式。

⑥ 本课程的任务：培养学生多元化的装饰设计知识结构和综合性设计技能，并解决学生由造型能力转变为专业设计能力和创意能力，为学生进入社会提供适用的基本技能。

二、本课程教学内容及课时安排如下

1. 概论（讲课4课时）

① 装饰分类。

② 装饰艺术前沿发展。

③ 装饰设计程序。

2. 装饰艺术设计简史（总课时6课时，讲课6课时，自习作业8课时）

3. 基础训练（总课时6课时，讲课3课时，作业辅导3课时）

① 形态设计4课时。

② 形式美感1课时。

③ 视觉材料1课时。

④ 作业辅导3课时。

4. 环艺装饰（总课时18课时）

① 漆艺设计（讲课2课时，作业辅导4课时）。

② 装饰壁挂设计（讲课2课时，作业辅导2课时）。

③ 中国民间彩绘泥塑或装饰雕塑（讲课2课时，作业辅导4课时）。

④ 景观标识艺术（讲课2课时）。

5. 视觉传达装饰（总课时16课时）

① 广告图像设计（讲课2课时，作业辅导2课时）。

② 包装形态设计（讲课2课时，作业辅导2课时）。

③ 民间艺术设计（讲课2课时，作业辅导2课时）。

④ 丙烯或油画重彩画（讲课2课时，作业辅导2课时）。

6. **服装设计装饰**（总课时12课时）

① 染织图案设计（讲课2课时，作业辅导2课时）。

② 刺绣设计（讲课2课时，作业辅导2课时）。

③ 蜡染设计（讲课2课时，作业辅导2课时）。

7. **产品造型装饰**（总课时16课时）

① 3D产品造型装饰（讲课2课时，作业辅导2课时）

② 旅游木雕工艺品装饰（讲课2课时，作业辅导2课时）

③ 家具设计（讲课2课时，作业辅导2课时）

④ 玩具设计（讲课2课时，作业辅导2课时）

三、对学生能力培养的要求

① 建立视觉形态与视觉装饰信息的基本概念，熟悉装饰形态的美学价值。

② 掌握二维、三维、多维装饰形态之间构建原理和综合运用。

③ 掌握某项目的装饰设计技能。

四、本课程教学形式

① 采用多媒体技术。

② 以相关实践增加学生的学习兴趣。

③ 教与学互动式进行。

五、《装饰艺术设计》学生创作设计作业提示

（一）必备性作业

① 收集中外民间传统图像30个左右。

② 分析现代西方各艺术流派的设计理念。

③ 运用形态构成设计原理作多维重构形态设计。

例如，纸塑立体形态构成设计，并分析形式美感。

（二）选择性作业

① 漆画创作。

② 综合材料壁挂创作。

③ 装饰抽象雕塑泥稿设计制作。

④ 包装设计。

⑤ 中国民间艺术设计。

⑥ 蜡染设计与制作。

⑦ 刺绣或编织设计与制作。

后记

参考文献

[1] 邬烈炎. 外国艺术设计史. 沈阳：辽宁美术出版社，2001

[2] 陆红阳. 设计学校. 南宁：广西美术出版社，2002

[3] 曾真. 染织设计入门. 南宁：广西美术出版社，1999

[4] 翁炳峰. 图形创意. 福州：福建美术出版社，2004